REBELLISCHE WORTE VON ERNESTO CHE GUEVARA

AUSWAHL UND
ZUSAMMENSTELLUNG:
SIMONE UTHLEB

neues leben

»ER SAH SICH SELBST ALS SOLDAT DIESER REVOLUTION, OHNE SICH IM GERINGSTEN DARUM ZU SORGEN, SIE ZU ÜBERLEBEN. JENE, DIE IM AUSGANG SEINES KAMPFES IN BOLIVIEN DAS SCHEITERN SEINER IDEEN SEHEN, KÖNNTEN GENAUSOGUT DIE GELTUNG DER IDEEN UND DES KAMPFES ALLER GROẞEN REVOLUTIONÄREN WEGBEREITER UND DENKER ABTUN, EINSCHLIEẞLICH DER BEGRÜNDER DES MARXISMUS, DIE IHR WERK NICHT VOLLENDEN UND NICHT DIE FRÜCHTE IHRER EDLEN ANSTRENGUNGEN ZU LEBZEITEN GENIEẞEN KONNTEN.«

FIDEL CASTRO

INHALT

»EN UNA REVOLUCIÓN SE TRIUNFA O SE MUERE«
IN EINER REVOLUTION SIEGT MAN ODER STIRBT

Die Revolution ist das dringendste Erfordernis der Kontinente, von fast ganz Amerika, Afrika und Asien, wo die **AUSBEUTUNG UNVORSTELLBARE AUSMAßE** erreicht hat.

TECHNIK UND REVOLUTION

★

Jetzt nehmen wir eine Stellung ein, in der wir viel mehr als einfache Angehörige einer Nation sind; in diesem Augenblick **VERKÖRPERN WIR DIE HOFFNUNG DES UNBEFREITEN AMERIKAS.** KUBANISCHES TAGEBUCH

★

Die großen Kolonialmächte wurden durch den Kampf der Völker gezwungen, den Rückzug anzutreten. **BELGIEN** und **HOLLAND** herrschen heute nur noch über kümmerliche Reste ihrer einstigen Imperien; **DEUTSCHLAND** und **ITALIEN** mussten im Ergebnis des zweiten Weltkrieges auf die Unterdrückung und Ausbeutung fremder Völker verzichten. **FRANKREICH** wird seinen schmutzigen Kolonialkrieg gegen Algerien einstellen müssen. Das **BRITISCHE KOLONIALREICH** zerbröckelt langsam, aber sicher. GUERILLAKAMPF UND BEFREIUNGSBEWEGUNG

★

ES MUSS AUCH DEUTLICH GESAGT WERDEN, DASS DIE **KONZEPTION DER FRIEDLICHEN KOEXISTENZ** NICHT NUR FÜR SOUVERÄNE STAATEN GÜLTIGKEIT HAT. ALS MARXISTEN VERTRETEN WIR DIE MEINUNG, DASS DIE FRIEDLICHE KOEXISTENZ ZWISCHEN STAATEN NICHT DIE KOEXISTENZ ZWISCHEN

AUSGEBEUTETEN UND AUSBEUTERN, ZWISCHEN **UNTERDRÜCKERN UND UNTERDRÜCKTEN** UMFASST. ES GIBT EIN AUCH DURCH DIESE ORGANISATION ERKLÄRTES RECHT AUF VÖLLIGE UNABHÄNGIGKEIT GEGENÜBER ALLEN FORMEN KOLONIALER UNTERDRÜCKUNG.

ANSPRACHE VOR DER UNO-VOLLVERSAMMLUNG

Sogar die Länder des alten Europa warten noch auf die Aufgabe der Befreiung. Sie sind **ZWAR GENÜGEND ENTWICKELT**, um alle Widersprüche des Kapitalismus fühlen zu können, **ABER ZU SCHWACH**, um imperialistische Ziele verfolgen oder diesen Weg jetzt noch beschreiten zu können. BOTSCHAFT AN DIE VÖLKER DER WELT: SCHAFFEN WIR ZWEI, DREI, VIELE VIETNAM

★

So gräbt jedes Land, das seinen Kampf beginnt, mit am **GRAB DES IMPERIALISMUS** und verdient daher unsere ganze Unterstützung und unseren Zuspruch. ANSPRACHE ANLÄSSLICH DER WOCHE DER SOLIDARITÄT MIT SÜDVIETNAM

★

Nichts fürchten die US-Imperialisten mehr, als dass **DIE ANDEREN LATEINAMERIKANISCHEN VÖLKER DEM BEISPIEL KUBAS FOLGEN** und ihre Geschicke selbst in die Hände nehmen. Bedeutet das doch das Ende ihrer Herrschaft und den Verzicht auf die riesigen Profite, die ihre Monopole aus den lateinamerikanischen Ländern pressen.
GUERILLAKAMPF UND BEFREIUNGSBEWEGUNG

★

Wenn alle Völker, die in prekären ökonomischen Verhältnissen leben und in einigen **VITALEN BEREICHEN IHRER WIRTSCHAFT** sowie in ihren **POLITISCHEN UND SOZIALEN STRUKTUREN** von **AUSLÄNDISCHEN MÄCHTEN ABHÄNGIG** sind, sich fähig zeigten, der Versuchung in Form ihnen unterbreiteter Angebote zu widerstehen – kaltblütig, aber auf Grundlage einer hitzigen Diskussion –, dann hätte die Menschheit einen Schritt nach vorn getan. REDE AUF DER UNO-KONFERENZ ÜBER HANDEL UND ENTWICKLUNG

★

Wir werden angegriffen, [...] denn wir zeigen jedem einzelnen amerikanischen Volk, was es sein könnte. Für den Imperialismus sind das **ERDÖL** Venezuelas, die **BAUMWOLLE** Mexikos, das chilenische **KUPFER**, die **RINDER** Argentiniens, der **MATE** Paraguays und der **KAFFEE** Brasiliens – insgesamt all die Rohstoffe der Monopole – viel wichtiger als das kubanische **NICKEL** oder der kubanische **ZUCKER**.
ANSPRACHE AUF DEM KONGRESS DER LATEINAMERIKANISCHEN JUGEND

★

[...] aber hier auf dieser Versammlung befinden sich die Völker in der Mehrheit, deren Haut von unterschiedlichen Sonnen gegerbt und unterschiedlichen Pigmenten gefärbt ist und die vollständig davon überzeugt sind, dass die Unterschiede zwischen den Menschen **NICHT DURCH DIE HAUTFARBE** bestimmt sind, **SONDERN** durch die Eigentumsformen der Produktionsmittel, durch die **PRODUKTIONSVERHÄLTNISSE.** ANSPRACHE VOR DER UNO-VOLLVERSAMMLUNG

★

Die **TOTALE VEREINHEITLICHUNG** der ökonomischen Beherrschung Amerikas hat zur tendenziellen Vereinheitlichung der gegen den Imperialismus kämpfenden Kräfte geführt.
DER EINFLUSS DER KUBANISCHEN REVOLUTION AUF LATEINAMERIKA

★

Wenn der antiimperialistische Kampf einmal begonnen wurde, dann ist es unumgänglich, konsequent zu sein und auch dort hart zu bleiben, wo es schmerzt, um ständig voranzuschreiten [...] Wir müssen die Schläge erwidern und jeder Aggression mit noch **STÄRKEREM DRUCK DER VOLKSMASSEN** begegnen. Nur so kann der Sieg errungen werden. KUBA – HISTORISCHE AUSNAHME ODER VORHUT IM KAMPF GEGEN DEN IMPERIALISMUS?

★

Wenn es angesichts der **GEGEN UNS GEFÜHRTEN AGGRESSIONEN** in Bezug auf Zucker und Erdöl die Sowjetunion nicht gegeben hätte, die uns Erdöl lieferte und die unseren Zucker kaufte, dann wären die gesamte Kraft, der gesamte Glaube und die ganze Hingabe unseres Volkes nötig gewesen, um diesem Schlag zu widerstehen. Dann hätten die Kräfte der Spaltung wirken können. ANSPRACHE AUF DEM KONGRESS DER LATEINAMERIKANISCHEN JUGEND

★

DIE FRAGE IST: Wie kann in einem vom Imperialismus kolonisierten Land, ohne irgendwelche Entwicklung der Grundindustrien, als Monoproduzent abhängig von einem einzigen Markt, der Übergang zum Sozialismus geschehen? Folgende Behauptungen können aufgestellt werden: Es könnte nach den Theoretikern der Zweiten Internationale behauptet werden, **DASS KUBA SÄMTLICHE GESETZE DER DIALEKTIK, DES HISTORISCHEN MATERIALISMUS, DES MARXISMUS, DURCHBROCHEN HAT** und es daher **KEIN SOZIALISTISCHES LAND IST**, oder dass es zur früheren Situation zurückkehren muss. Man kann etwas realistischer sein und also in den **PRODUKTIONSVERHÄLTNISSEN KUBAS DIE INNEREN TRIEBKRÄFTE SUCHEN**, die die jetzige Revolution verursacht haben. Das würde aber natürlich den Beweis erbringen, dass es viele Länder in Lateinamerika gibt und an anderen Orten der Welt gibt, in denen die Revolution **VIEL EHER DURCHFÜHRBAR** wäre als in Kuba. Es bleibt die dritte, unserer Meinung nach richtige Erklärung. Im großen Rahmen des weltweiten kapitalistischen Systems, das sich im Kampf gegen den Sozialismus befindet, kann **EINS SEINER SCHWÄCHSTEN GLIEDER**, in diesem Fall Kuba, **ZERBROCHEN WERDEN.** DIE SOZIALISTISCHE PLANUNG UND IHRE BEDEUTUNG

★

DAMIT MAN EIN REVOLUTIONÄ-RER ARZT ODER ÜBERHAUPT EIN REVOLUTIONÄR WERDEN KANN, **MUSS ERST EINE REVOLUTION STATTFINDEN.**

SOZIALE THERAPIE

Wir wollen den **SOZIALISMUS** aufbauen; wir erklären uns zu Anhängern derjenigen, die für den **FRIEDEN** kämpfen; wir sind Mitglied der Gruppe der Blockfreien Länder, auch wenn wir Marxisten-Leninisten sind, weil die Blockfreien ebenso wie wir gegen den Imperialismus kämpfen. Wir wollen Frieden, wir wollen für unser Volk ein **BESSERES LEBEN** erreichen, und deshalb versuchen wir bis zum äußersten, nicht auf die Provokationen der Yankees hereinzufallen, aber wir kennen die Mentalität ihrer Regierung; sie will uns einen hohen Preis zahlen lassen für diesen Frieden. Wir antworten, dass dieser Preis seine Grenze in unserer **WÜRDE** findet. ANSPRACHE VOR DER UNO-VOLLVERSAMMLUNG

★

Entgegen den Spekulationen der parasitären Klassen des Landes verwirklichte die revolutionäre Regierung gleich zu Anfang eine Reihe konkreter Maßnahmen. Kurz hintereinander wurden Gesetze verabschiedet über die Herabsetzung der **WOHNUNGSMIETEN** und Senkung der Kosten für **ELEKTROENERGIE**, über die Kontrolle der Telefongesellschaften und die Senkung ihrer Tarife. GUERILLAKAMPF UND BEFREIUNGSBEWEGUNG

★

Jedes Mal, wenn eine Fabrik den **ANALPHABETISMUS** unter den Arbeitern beseitigt hat, wird eine Fahne gehisst, wenn eine Genossenschaft den Analphabetismus unter ihren Bauern besiegt hat, verfährt sie ebenso, und 104 500 junge Schüler unterrichten unter dem **SYMBOL EINES BUCHES UND EINER LATERNE**, die dazu dient, das Licht der Bildung in die entlegensten Regionen zu tragen. ANSPRACHE AUF DEM PLENUM DES INTERAMERIKANISCHEN RATES

★

Lassen Sie mich sagen, auch auf die Gefahr hin, lächerlich zu erscheinen, dass der wahre Revolutionär **VON GROßEN GEFÜHLEN DER LIEBE** geleitet wird. Es ist unmöglich, sich einen echten Revolutionär ohne diese Eigenschaft vorzustellen. Vielleicht liegt hierin eines der großen Dramen des Führenden: dieser muss **MIT EINER LEIDENSCHAFTLICHEN SEELE EINEN KÜHLEN INTELLEKT** verbinden und, ohne mit der Wimper zu zucken, schmerzliche Entscheidungen fällen. Unsere Revolutionäre der Avantgarde müssen diese Liebe zu den Völkern, zu den heiligsten Dingen idealisieren und sie einzig, unteilbar machen. [...] **ES GIBT KEIN LEBEN AUßERHALB DER REVOLUTION.** Unter diesen Umständen braucht man ein großes Maß an Menschlichkeit, **EIN GROßES MAß AN GERECHTIGKEITS- UND WAHRHEITSSINN**, um nicht in dogmatische Extreme, in kalte Scholastik zu verfallen, um sich nicht von den Massen zu isolieren. Jeden Tag müssen wir kämpfen, damit diese Liebe zur lebendigen Menschheit sich **IN KONKRETE TATEN UMSETZT**, in Handlungen, die als Vorbild, die als Mobilisierung dienen. DER SOZIALISMUS UND DER MENSCH IN KUBA

★

Friedlicher Übergang ist nicht Erwerb einer formalen Macht in Wahlen oder die Veränderung der öffentlichen Meinung ohne direkten Kampf, sondern **AUFBAU DER SOZIALISTISCHEN MACHT**, in ihrer ganzen Bedeutung, ohne den Einsatz des bewaffneten Kampfes. Es ist logisch, dass alle progressiven Kräfte den Weg der bewaffneten Revolution nicht beginnen dürfen, sondern bis zur letzten Minute auf der **MÖGLICHKEIT DES LEGALEN KAMPFES INNERHALB DES BÜRGERLICHEN STAATES BEHARREN** müssen.

TAKTIK UND STRATEGIE DER LATEINAMERIKANISCHEN REVOLUTION

★

NEHMT DEN BODEN VON DENJENIGEN, DIE VIEL DAVON HABEN, UND GEBT IHN DENEN, DIE KEINEN BODEN BESITZEN. **SO WIRD EINE AGRARREVOLUTION GEMACHT, ALLES ANDERE IST SIRENENGESANG.** DIE FORM DER DURCHFÜHRUNG – OB EIN TEIL, IN PARZELLEN AUFGETEILT, ENTSPRE-

CHEND ALLEN REGELN DES PRIVATEIGENTUMS VERTEILT WIRD, OB KOLLEKTIVES EIGENTUM GESCHAFFEN WIRD ODER EINE MISCHFORM (SO WIE BEI UNS) –, DAS HÄNGT VON DEN BESONDERHEITEN EINES JEDEN VOLKES AB.

ANSPRACHE AUF DEM PLENUM DES INTERAMERIKANISCHEN RATES

Die Revolution hat viele Maßnahmen zur Verwirklichung der menschlichen **WÜRDE** ergriffen, wobei eine der ersten die Abschaffung der **RASSENDISKRIMINIERUNG** war.
ANSPRACHE AUF DEM PLENUM DES INTERAMERIKANISCHEN RATES

★

Mit diesem **GESETZ ÜBER DIE NATIONALISIERUNG DER ERDÖLINDUSTRIE** in Kuba wurde den Ländern Lateinamerikas ein Beispiel gegeben, wie sie sich von der **BEHERRSCHUNG DURCH DIE AUSLÄNDISCHEN MONOPOLE BEFREIEN** können. Das ist auch der Grund, weshalb es die Ölmonopole in unbeschreibliche Panik versetze. GUERILLAKAMPF UND BEFREIUNGSBEWEGUNG

★

DAS KUBANISCHE BEISPIEL, DAS SCHULE MACHEN KÖNNTE, erregte [die Ölmonopole], nicht der Verlust unseres Erdöls, denn Kuba ist kein reiches Erzeugungsgebiet dieses wertvollen Rohstoffes, obgleich wir die Hoffnung hegen, dass uns gelingt, unseren Erdölbedarf aus eigenen Vorkommen zu decken. GUERILLAKAMPF UND BEFREIUNGSBEWEGUNG

★

Einige vertreten die Meinung, dass das **GESETZ ÜBER DIE NATIONALISIERUNG DER GRUBEN UND BERGWERKE** von gleich weittragender Bedeutung wie das Gesetz über die Bodenreform sei. Die Maßnahme, eine Ausfuhrsteuer in Höhe von 25 Prozent auf alle Erzausfuhren, traf empfindlich die Monopolisten und wird dazu beitragen, den **WOHLSTAND DES KUBANISCHEN VOLKES** zu erhöhen, trägt aber ebenso dazu bei, die kanadischen Monopole gegenüber den jetzt unser Nickel exportierenden Monopolen zu stärken.
GUERILLAKAMPF UND BEFREIUNGSBEWEGUNG

★

Eine Revolution wie die kubanische, **EINE VOLKSREVOLUTION** – getragen vom Willen der Gesellschaft –, eine Revolution für das Volk also, kann nicht vorankommen, wenn nicht jeder Erfolg und jeder Schritt vorwärts von der Öffentlichkeit, **VON DER GESAMTEN MASSE DES VOLKES MITGEMACHT** wird. REVOLUTION UND EGOISMUS SCHLIEßEN SICH AUS

★

Diese Generation, die große Opfer bringen wird, wird nicht annähernd über die Güter verfügen, die die kommenden Generationen besitzen werden, darüber müssen wir uns im Klaren sein; wir müssen also unsere Rolle bewusst vertreten, denn wir ernten den großen Ruhm, Vorkämpfer der Revolution in Amerika zu sein, und wir haben heute den Ruf, das **VOM IMPERIALISMUS BESTGEHASSTE LAND** zu sein. TECHNIK UND REVOLUTION

★

Zu jener Zeit machte Amerika den Völkern der Welt erneut klar, dass die **AMERIKANISCHEN VÖLKER NICHT SCHLAFEN** und auch **NICHT AUF IHRE BEFREIUNG UND AUF DIE REVOLUTION VERZICHTET HABEN.** Die kubanische Revolution begann sich herauszubilden zu dem, was die Nordamerikaner ganz offen als eines ihrer **GROßEN PROBLEME** bezeichnen. ANSPRACHE ANLÄSSLICH DER WOCHE DER SOLIDARITÄT MIT SÜDVIETNAM

★

Und dieser Weg ist richtig für ganz Amerika; gegen die, die **MIT ALLEN MITTELN DIE MACHT** behaupten wollen auch gegen den Willen des Volkes, Feuer und Blut, bis endlich der **LETZTE AUSBEUTER VERNICHTET** ist. TAKTIK UND STRATEGIE DER LATEINAMERIKANISCHEN REVOLUTION

★

DIE **FRAUEN** WAREN [VOR DER REVOLUTION] RECHTLICH DEN MÄNNERN NICHT GLEICHGESTELLT, FÜR **GLEICHE ARBEIT** ERHIELTEN SIE **GERINGEN LOHN**; SIE WAREN DISKRIMINIERT WIE IN DER MEHRHEIT DER AMERIKANISCHEN LÄNDER.

ANSPRACHE AUF DEM PLENUM DES INTERAMERIKANISCHEN RATES

Aber im Grunde bleibt es das Individuum, das für diese Aufgabe der Organisation (wie für alle revolutionären Tätigkeiten) gebraucht wird. Die **REVOLUTION** standardisiert eben nicht, wie manche behaupten, den allgemeinen Willen und die allgemeine Initiative. Im Gegenteil, sie **SETZT DIE INDIVIDUELLE BEGABUNG DES MENSCHEN FREI.**

SOZIALE THERAPIE

★

Die Lehre für die Zukunft besteht darin, dass die **STRATEGIE** von dem **BESTIMMT** wird, der die **MACHT** besitzt.

KUBANISCHES TAGEBUCH

★

Der Kommunismus ist ein Ziel, das die Menschheit nur bewusst erreicht; daher ist die Entwicklung, die **BESEITIGUNG DER MISSBILDUNGEN**, die die alte Gesellschaft im Bewusstsein der Menschen hinterlassen hat, außerordentlich wichtig. Wir dürfen dabei natürlich nicht vergessen, dass ohne gleichzeitige **FORTSCHRITTE AUF DEM GEBIET DER PRODUKTION** eine kommunistische Gesellschaft nie erreicht werden kann.

ÜBER DAS HAUSHALTSMÄSSIGE FINANZIERUNGSSYSTEM

★

Eines Tages kamen sie vorbei und fragten, wen man im Todesfalle benachrichtigen solle, und die echte Möglichkeit der Tatsache bestürzte uns alle. Danach erfuhren wir, dass es wahr war, dass **MAN IN EINER REVOLUTION SIEGT ODER STIRBT** (wenn es eine richtige ist). Viele Genossen blieben auf dem Weg zum Sieg zurück. ABSCHIEDSBRIEF AN FIDEL CASTRO

COMANDANTE CHE GUEVARA

Der Brief wurde in Spalten unterschrieben, und als die Dienstgrade der Unterzeichner in der zweiten Spalte eingetragen wurden, ordnete Fidel einfach an: **»SETZ BEI IHM COMANDANTE EIN«**, als mein Dienstgrad aufgeführt werden sollte. Auf diese zwanglose und fast beiläufige Art wurde ich zum Comandante der zweiten Kolonne der Guerillaarmee ernannt, die später Kolonne Nummer vier heißen sollte. KUBANISCHES TAGEBUCH

★

Aus den Erfahrungen der kubanischen Revolution kann man für die revolutionäre Bewegung auf dem lateinamerikanischen Kontinent drei wichtige Dinge lernen:
1. können die **KRÄFTE DES VOLKES** im Krieg **GEGEN EINE REGULÄRE ARMEE DEN SIEG DAVONTRAGEN**;
2. muss man nicht immer warten, bis alle Bedingungen für eine Revolution herangereift sind, die Führung des Aufstandes kann **SOLCHE BEDINGUNGEN SELBST SCHAFFEN**;
3. muss der **BEWAFFNETE KAMPF** in den schwachentwickelten Ländern des lateinamerikanischen Kontinents hauptsächlich **IN DEN LANDWIRTSCHAFTLICHEN GEBIETEN** geführt werden. GUERILLAKAMPF UND BEFREIUNGSBEWEGUNG

★

Ich brachte ihm das Gewehr in Ordnung und stellte dabei eine Diagnose, die so scharf wie eine Messerklinge war: **»SIE SIND EIN FEIGER HOSENSCHEIßER«.** KUBANISCHES TAGEBUCH

★

DIE **GROßEN MASSAKER UNTER DER ZIVILBEVÖLKERUNG**, DIE **WIEDERHOLTEN MISSERFOLGE** DER FEINDLICHEN STREITKRÄFTE UND DIE **MORDE**, DIE VON DER DIKTATUR AN DEN VERSCHIEDENEN VON UNS ANALYSIERTEN FRONTABSCHNITTEN DES KAMPFES VERÜBT WURDEN, **ZEIGTEN**, DASS DIE **GUERILLASTRATEGIE** IN GÜNSTIG GELEGENEN GEBIETEN

DIE **WIRKUNGSVOLLSTE ERSCHEINUNGSFORM DER TECHNIK DES VOLKSKAMPFES** GEGEN EINE DESPOTISCHE UND NOCH STARKE REGIERUNG WAR UND DASS SIE DEM VOLK DIE **WENIGSTEN QUALVOLLEN OPFER** ABVERLANGTE.

KUBANISCHES TAGEBUCH

Der **GUERILLERO** will den Willen des Volkes nach Befreiung von seinen Unterdrückern ausführen. Wenn die friedlichen Mittel dafür erschöpft sind, wird er zum **BEWAFFNETEN VORKÄMPFER** des Volkes. Er beginnt diesen Kampf, um die bestehende ungerechte Gesellschaftsordnung zu beseitigen. In seinem Handeln und in seinem Umgang mit der Bevölkerung muss klar zum Ausdruck kommen, dass er **EINE NEUE, GERECHTE GESELLSCHAFT ERSTREBT.**

DER PARTISANENKRIEG

★

Die Aufgaben der einen oder der anderen Schicht unserer Bevölkerung in einem solchen Kampf [Verteidigung gegen einen feindlichen Angriff] sind unterschiedlich. Der **BAUER** wird einen **TYPISCHEN GUERILLAKRIEG** führen. Er muss deshalb ein **GUTER SCHÜTZE** sein, er muss lernen, sich dem Gelände anzupassen, überraschend anzugreifen und sich zurückzuziehen. Den **ARBEITERN** kommt ein besonderer Umstand zugute: Er befindet sich im Inneren einer modernen Stadt, die ihnen die Vorteile einer **GEWALTIGEN FESTUNG** bietet. Aber in der Stadt gibt es für den militärischen Kampf auch negative Seiten. So ist zum Beispiel die **BEWEGUNGSFREIHEIT** der Truppe innerhalb einer Stadt eingeschränkt. Der Arbeiter muss vor allen Dingen lernen, wie und wo man in einer Stadt **BARRIKADEN** errichtet, wozu er alle nur möglichen Transportmittel, Möbel und anderes verwenden kann. [...] Er muss mit so wirksamen **VERTEIDIGUNGSWAFFEN** wie den bereits beschriebenen **MOLOTOW-COCKTAILS** umgehen können und in der Lage sein, aus den Fenstern, den Schießscharten im Straßenkampf, ein **GUT GEZIELTES FEUER** zu führen. ANALYSE DER LAGE AUF KUBA, SEINE GEGENWART UND ZUKUNFT

★

[...] das sind jene Augenblicke, da selbst die Nervenstärksten ein leichtes Zittern in den Knien verspüren, und alle sehnen dann entschieden jene Sternstunde des Krieges herbei, die das Gefecht ist. **ANDERERSEITS WAR DER KAMPF NICHT IM ENTFERNTESTEN UNSER HERZENSWUNSCH; WIR STELLTEN UNS IHM, WEIL ER NOTWENDIG WAR.** EPISODEN AUS DEM REVOLUTIONSKRIEG

★

Als ich am ersten Unterricht teilnahm, war mein fast augenblicklicher Eindruck, dass **EIN SIEG MÖGLICH SEIN WÜRDE**, was mir noch sehr zweifelhaft erschienen war, als ich mich dem Kommandanten der Rebellen [Fidel Castro] angeschlossen hatte, mit dem mich von Anfang an eine Art **ROMANTISCH-ABENTEUERLICHER SYMPATHIE** und die Einsicht verbanden, dass es der Mühe wert ist, für ein so **REINES IDEAL AN EINER FREMDEN KÜSTE ZU STERBEN.** EPISODEN AUS DEM REVOLUTIONSKRIEG

★

Bei den **ZIELÜBUNGEN** wird die Waffe nicht berührt, lediglich die gegen die Tafel gehaltene Zielscheibe wird verändert. Der Schütze visiert dreimal an, wobei die Zielscheibe auf seinen Zuruf hin verschoben wird, bis er ihr Zentrum im Visier hat. Wenn bei diesen Zielübungen die **RICHTPUNKTE AUF DER TAFEL**, auf die das Gewehr einvisiert ist, mit den vom Schützen durch Zuruf eingewiesenen **ZIELSCHEIBENSTELLUNGEN** dreimal hintereinander übereinstimmen, kann das Ergebnis als **AUSGEZEICHNET** angesprochen werden.

DIE MILITÄRISCHE AUSBILDUNG UND DIE POLITISCHE ERZIEHUNGSARBEIT

★

UNTER BEACHTUNG DER GESETZE DES GUERILLALEBENS KANN MAN **MENSCHEN, DIE SICH LIEBEN**, OHNE WEITERES GESTATTEN, EINE EHE EINZUGEHEN.

DIE ROLLE DER FRAU IN DER REVOLUTION

Sehr ernst wurde die Lage außerdem in Las Villas, weil sich die Angriffe auf die Verbindungswege verschärften. Als wir ankamen, **VERÄNDERTEN WIR DAS KAMPFSYSTEM IN DEN STÄDTEN** vollständig, denn wir überführten in aller Eile die besten Milizangehörigen der Städte in das Ausbildungslager, wo sie für die Durchführung von **SABOTAGE-AKTIONEN** geschult wurden, die sich in den Stadtrandgebieten als wirkungsvoll erwiesen. KUBANISCHES TAGEBUCH

★

Die **FRAUEN** können mit den schwersten Aufgaben betraut werden, **SCHULTER AN SCHULTER MIT DEN MÄNNERN** bestehen sie **DIE SCHWERSTEN KÄMPFE** und – entgegen den Beteuerungen mancher Leute – zersetzen sie durch ihre Anwesenheit in keiner Weise die Moral einer Guerillaarmee.

DIE ROLLE DER FRAU IN DER REVOLUTION

★

TAKTIK UND STRATEGIE sind die beiden wesentlichen Elemente der Kriegskunst, aber Krieg und Politik sind miteinander eng verbunden durch den gemeinsamen Nenner, die Aufgabe, ein bestimmtes Ziel zu erreichen: die **ZERSTÖRUNG DES GEGNERS IN EINEM BEWAFFNETEN KAMPF UND DIE EROBERUNG DER POLITISCHEN MACHT.**

TAKTIK UND STRATEGIE DER LATEINAMERIKANISCHEN REVOLUTION

★

Diejenigen, die erbittert die **TODESSTRAFE** forderten, waren durchaus nicht die Besten der Gruppe. KUBANISCHES TAGEBUCH

★

Man muss dem Volk klarmachen, dass der Kampf um soziale Gerechtigkeit **NICHT ALLEIN** mit friedlichen Mitteln geführt werden kann. GUERILLAKAMPF UND BEFREIUNGSBEWEGUNG

★

Um die Raucher in unserer Truppe zufriedenzustellen, hatten wir eine Zigarettenfabrik, die sehr schlechte Waren lieferte, **DOCH DIE ZIGARETTEN SCHMECKTEN WUNDERBAR,** wenn es keine anderen gab. KUBANISCHES TAGEBUCH

★

Das **PFERD WAR MEHR ALS EINE LUXUSSPEISE, ES WAR EINE ART FEUERPROBE** für die Anpassungsfähigkeit der Männer. Die Bauern in unserer Guerillatruppe weigerten sich entrüstet, ihre Portion Pferdefleisch zu essen, und einige sahen Manuel Fajardo fast als einen Mörder an, dessen Beruf aus der Friedenszeit – der eines Fleischers – bei Ereignissen wie diesen genutzt wurde, als er das erste Tier schlachtete. KUBANISCHES TAGEBUCH

★

Als die Nacht hereinbrach, machten sich alle ganz selbstverständlich daran, die winzigen Rationen zu verspeisen, die sie hatten. Und **CAMILO**, der sah, dass ich nichts zu essen hatte als die Decke, die nicht nahrhaft war, **TEILTE MIT MIR SEINE EINZIGE DOSE MILCH**, die er besaß. In diesem Moment, denke ich, erwuchs oder festigte sich unsere Freundschaft.
REDE ZU EHREN DES COMANDANTE CAMILO CIENFUEGOS

★

[Frank País] gab uns eine stillschweigende Lektion in **ORDNUNG UND DISZIPLIN**, als er unsere schmutzigen Gewehre reinigte, die Patronen zählte und sie sortierte, damit sie nicht verloren gingen. Von jenem Tag an nahm ich mir vor, meine Waffe besser zu pflegen (und ich habe Wort gehalten, obwohl ich auch nicht sagen kann, ich wäre ein **VORBILD AN PEINLICHER SAUBERKEIT** gewesen). KUBANISCHES TAGEBUCH

★

DER EINZIGE ARTIKEL, AN DEM ES UNS IN DER SIERRA MAESTRA NIEMALS ODER FAST NIEMALS FEHLTE, WAR KAFFEE; MANCHMAL MUSSTEN WIR SOGAR **OHNE SALZ** AUSKOMMEN, DAS EINE DER **LEBENSWICHTIGEN ERNÄHRUNGSGRUNDLAGEN** IST UND DESSEN GUTE EIGENSCHAFTEN MAN ERST GANZ ERKENNT, WENN ES NICHT AUSREICHEND VORHANDEN IST.

KUBANISCHES TAGEBUCH

Gelegentlich wurden wir **VERRATEN**, wenn wir gerade durch ein Landgut kamen, aber das war **NICHT ALS EINE DIREKTE AKTION** der Landbevölkerung **GEGEN UNS** zu erklären, sondern geschah deshalb, weil die Lebensbedingungen dieser Leute sie zu **SKLAVEN DES GUTSHERRN** machte; und da sie fürchteten, ihr tägliches Brot zu verlieren, teilten sie dem Herrn unseren Durchmarsch durch jenes Gebiet mit, und dieser übernahm es bereitwillig, die Militärbehörden zu unterrichten. KUBANISCHES TAGEBUCH

★

Die **HÄNGEMATTE** ist ein geschätztes Gut, das ich vorher wegen eines strengen Guerillagesetzes nicht erhalten konnte; dieses Gesetz legte fest, dass die Hängematten aus Leinen den Männern gegeben werden sollten, die sich schon ihre eigene Hängematte aus Säcken gemacht hatten, **UM SO DAS FAULENZEN ZU BEKÄMPFEN.** [...] Ich jedoch konnte eine Hängematte aus Säcken wegen meiner Allergie nicht benutzen; die Tuchfasern verstärkten mein Leiden beträchtlich, und ich sah mich gezwungen, auf dem Boden zu schlafen. Solange ich die Hängematte aus Säcken nicht hatte, stand mir die aus Leinen nicht zu. Diese täglichen kleinen Vorkommnisse sind Teil der individuellen Tragödie in jeder Guerillatruppe und ausschließlich für sie typisch [...] KUBANISCHES TAGEBUCH

★

Dem Kämpfer ist die **LIEBE ZUM GUTEN BUCH** anzuerziehen. Darüber hinaus ist seine Neigung zum Lesen dazu zu nutzen, um ihn zur systematischen Arbeit mit dem Buch zu erziehen. Es geht darum, ihm **ELEMENTARE KENNTNISSE** zu vermitteln, die es ihm gestatten, die **GROßEN PROBLEME ZU VERSTEHEN**, die sein Volk zu lösen hat.

DIE MILITÄRISCHE AUSBILDUNG UND DIE POLITISCHE ERZIEHUNGSARBEIT

★

Wir können feststellen, dass uns [Kuba] gegenüber **GRÖSSERE SYMPATHIE** in jenen Ländern herrscht, in denen offen die Entscheidung getroffen wurde, die Macht mittels **WAFFENGEWALT** zu übernehmen. Natürlich ist diese Entscheidung schwer, sie muss nach kontroverser Diskussion getroffen werden, wobei wir in diese nicht direkt eingreifen wollen. Jedes Land und jede Partei muss die Kampfform suchen, zu der die historische Erfahrung rät. DER EINFLUSS DER KUBANISCHEN REVOLUTION AUF LATEINAMERIKA

★

Ich sage Dir nur, dass ich hier allem Anschein nach meinen **RUF ALS OBJEKTIVER BETRACHTER** eingebüßt habe und gegenüber der wirklich existierenden Situation einen angeblich **GRUNDLOSEN OPTIMISMUS** beibehalte. Ich kann Dir versichern, dass sich dieser schöne Traum längst inmitten der allgemeinen Katastrophen aufgelöst hätte, wenn es mich hier nicht gäbe. BRIEF AN FIDEL CASTRO AUS DEM KONGO

★

Es geht darum, dass man eine wirklich ausgeglichene Einstellung braucht, um die Dinge zu ertragen, die hier vor sich gehen; es geht nicht bloß um gute Männer, **HIER BRAUCHT ES SUPERMÄNNER.** BRIEF AN FIDEL CASTRO AUS DEM KONGO

★

[...] aber es kommt in diesem Fall nicht auf die Zahl an, wir können nicht auf eigene Faust ein Land befreien, das nicht kämpfen will, man **MUSS DIESEN KAMPFGEIST ERZEUGEN** und mit **DIOGENES' LATERNE** und **HIOBS GEDULD** nach Soldaten suchen, eine Aufgabe, die umso schwieriger wird, je mehr Aasgeiern an der Spitze diese Leute auf ihrem Weg begegnen. BRIEF AN FIDEL CASTRO AUS DEM KONGO

★

WIR FORDERN NICHT, DASS DIE MÖRDER UNSERER GENOSSEN ERSCHOSSEN WERDEN, AUCH WENN WIR SIE IN UNSEREM LAND ERSCHOSSEN HÄTTEN. **WAS WIR WOLLEN, IST, DASS WENN SCHON JEMAND HIER IN AMERIKA NICHT SOLIDARISCH SEIN KANN, ER ZUMINDEST KEIN VERRÄTER WERDE.**

ANSPRACHE AUF DEM KONGRESS DER LATEINAMERIKANISCHEN JUGEND

Heute vor genau neun Monaten **FORMIERTE SICH MIT UNSERER ANKUNFT DER GUERILLAKAMPF.** Von den ersten sechs sind zwei gestorben, einer ist verschwunden und zwei verletzt. Ich habe Asthma und weiß nicht, wie ich es loswerde. BOLIVIANISCHES TAGEBUCH

★

Die **VORAUSSETZUNGEN SIND DIE GLEICHEN** wie im vergangenen Monat, nur, dass jetzt die **ARMEE** wirklich mehr Tatkraft in ihren Aktionen zeigt und die Masse der **LANDBEVÖLKERUNG** uns überhaupt nicht unterstützt und sie sich in Verräter verwandeln. BOLIVIANISCHES TAGEBUCH

★

Die Armee brachte eine undurchsichtige Meldung, nach der sich in Serrano 250 Mann aufhalten sollen, um den 37 Eingekesselten **JEDEN DURCHGANG ABZURIEGELN.** Unser Rückzugsgebiet war zwischen den Flüssen Acero und Oro angegeben. Die Nachricht scheint ein Ablenkungsmanöver zu sein. Höhe – 2000m. ENDE DES LETZTEN EINTRAGS IM BOLIVIANISCHEN TAGEBUCH

»ME SIENTO TAN PATRIOTA DE LATINOAMÉRICA«

ICH FÜHLE MICH ALS LATEINAMERIKANISCHER PATRIOT

ALLE AUGEN – die der großen Unterdrücker und die der Hoffenden – **SIND AUF UNS GERICHTET**. Von unserer Haltung, die wir in Zukunft einnehmen werden, von unserer Fähigkeit, die vielfältigen Probleme zu lösen, hängt sehr weitgehend die **ENTWICKLUNG DER VOLKSBEWEGUNG IN AMERIKA** ab, und jeder Schritt, den wir tun, wird von den allgegenwärtigen Augen des großen Gläubigers und von den zuversichtlichen Augen unserer Brüder in Amerika aufmerksam verfolgt. KUBANISCHES TAGEBUCH

★

Wir sind historisch und kulturell ein Teil dieses Kontinents, **WIR SIND TEIL EINES KONGLOMERATS, DAS FÜR SEINE FREIHEIT KÄMPFT**; darüber hinaus ist die Verbindung Lateinamerikas mit unserer Zukunft und mit dem Schicksal unserer Revolution in ihrem Trachten nach ideologischer Expansion von Bedeutung. DER EINFLUSS DER KUBANISCHEN REVOLUTION AUF LATEINAMERIKA

★

Amerika ist das Paradefeld des nordamerikanischen Imperialismus. Es gibt keine andere Wirtschaftsmacht, die stark genug wäre, die Kämpfe zu unterstützen, auf die sich die **NATIONALEN BOURGEOISIEN** mit dem Imperialismus eingelassen haben, und deshalb **ARRANGIEREN UND VERBÜNDEN SICH** diese Kräfte, die relativ viel schwächer sind als in anderen Gebieten, mit dem Imperialismus. TAKTIK UND STRATEGIE DER LATEINAMERIKANISCHEN REVOLUTION

★

Unsere geografische Lage zeigt Ihnen, dass Sie es mit einem **UNTERENTWICKELTEN LAND** zu tun haben, das im eigenen Fleisch die **WUNDEN DER KOLONIALEN UND IMPERIALEN AUSBEUTUNG** trägt und das die **LEIDVOLLE ERFAHRUNG DER UNTERWERFUNG** des gesamten Regierungsapparates unter eine ausländische Macht gemacht hat. Kuba spricht zu Ihnen auch als angegriffenes Land. Alles dies hat dazu geführt, dass unser Land trotz seiner geringen Größe, seiner geringen ökonomischen Bedeutung und seiner kleinen Bevölkerung in der ganzen Welt in die Schlagzeilen geraten ist. REDE AUF DER UNO-KONFERENZ ÜBER HANDEL UND ENTWICKLUNG

★

Unsere Freunde auf dem unbeugsamen Kontinent können sicher sein, dass wir, wenn es notwendig ist, bis zur letzten ökonomischen Konsequenz unserer Handlungen kämpfen werden, und wenn die Auseinandersetzungen noch weitergehende Formen annehmen, werden wir bis zum letzten Tropfen unseres Rebellenblutes kämpfen, um aus diesem Land **EINE SOUVERÄNE REPUBLIK** zu machen, die wirklich die Eigenschaften einer glücklichen und demokratischen Nation besitzt und innig mit ihren Brudervölkern in Amerika verbunden ist. KUBANISCHES TAGEBUCH

★

UNSERE AMERIKANISCHEN FREUNDE SIND REIF FÜR DIE REVOLUTION. NICHT NUR DIEJENIGEN, DIE BEREITS DEN KAMPF AUFGENOMMEN HABEN. EINIGE VÖLKER HABEN DEN KAMPF NOCH NICHT BEGONNEN, ABER DENNOCH **SCHÄRFEN SIE GEDULDIG IHRE MACHETEN**, DENN SIE WISSEN, DASS DIE STUNDE NAHT.

ANSPRACHE ANLÄSSLICH DER WOCHE DER SOLIDARITÄT MIT SÜDVIETNAM

Die Freiheit muss in **JEDER REGION** Amerikas erkämpft werden! ANSPRACHE AUF DEM KONGRESS DER LATEINAMERIKANISCHEN JUGEND

★

Manchmal waren unsere Länder Schauplätze von Kriegen, die von den Monopolen unterschiedlichster Nationalität im Kampf um Einflusssphären provoziert wurden: Der **CHACO-KRIEG** ist ein Beispiel für den **KAMPF UM DAS ERDÖL ZWISCHEN DEN ENGLISCHEN UND DEUTSCHEN GRUPPEN**, der Shell einerseits und der Standard Oil andererseits. DER EINFLUSS DER KUBANISCHEN REVOLUTION AUF LATEINAMERIKA

★

Der **SIEG DES KUBANISCHEN VOLKES** über die Diktatur Batistas war nicht nur ein Triumph, der sofort von allen Nachrichtenagenturen über den ganzen Erdball verbreitet wurde. Dieser Sieg **WIDERLEGTE** auch die **VERALTETEN VORSTELLUNGEN ÜBER DIE VÖLKER LATEINAMERIKAS** und demontierte anschaulich, wie sich ein Volk durch den Guerillakrieg von einem Unterdrückerregime zu befreien vermag. ALLGEMEINE PRINZIPIEN DES GUERILLAKRIEGES

★

Kuba [wird] dieses Jahr den Analphabetismus beseitigen. Das ist etwas Wunderbares. Bis zu diesem Augenblick sind **104 500 BRIGADISTEN**, fast alle von ihnen **SCHÜLER IM ALTER ZWISCHEN 10 UND 18 JAHREN**, im ganzen Land dabei, alle **HÜTTEN DER KLEINBAUERN** und alle **WOHNUNGEN DER ARBEITER** im gesamten Land aufzusuchen, um selbst lernunwillige alte Menschen zu überzeugen und somit den Analphabetismus auszurotten. ANSPRACHE AUF DEM PLENUM DES INTERAMERIKANISCHEN RATES

★

Wir alle wissen, dass dies nicht leicht sein wird, aber wir alle sind uns der **UNGEHEUREN HISTORISCHEN VERANTWORTUNG** der Bewegung des 26. Juli, der kubanischen Revolution, der ganzen Nation bewusst, für alle Völker Amerikas, die wir nicht enttäuschen dürfen, **EIN BEISPIEL ZU GEBEN.** KUBANISCHES TAGEBUCH

★

Kuba ist wirklich schuldig, weil es den Völkern Lateinamerikas gezeigt hat, wie sie durch den bewaffneten Volkskampf, beginnend in schwer zugänglichen Gebieten, die angeblich unbesiegbare Armee des Gegners erschöpfen und schließlich vernichten können. Mit einem Wort: **KUBA ZEIGT, WAS WÜRDE IST.** GUERILLAKAMPF UND BEFREIUNGSBEWEGUNG

★

Mit den Füßen fest auf der Erde begannen wir, zu arbeiten und unsere ersten revolutionären Werke zu vollbringen, wurden dabei mit den ersten Schwierigkeiten fertig. Aber worin besteht das Hauptproblem Kubas? Ist es nicht das gleiche wie in ganz Amerika (...)? **DIE MONOKULTUR.** In Kuba sind wir **SKLAVEN DES ZUCKERROHRS**, dieser Nabelschnur, die uns an den großen nordamerikanischen Markt bindet. Wir müssen unsere landwirtschaftliche Produktion diversifizieren, die Industrie entwickeln und gewährleisten, dass unsere landwirtschaftlichen und Bergbauerzeugnisse – in naher Zukunft – unsere Industrieproduktion auf die unseren Interessen entsprechenden Märkte kommen, und das mit unseren eigenen Transportmitteln. KUBANISCHES TAGEBUCH

★

ICH BEKRÄFTIGE ERNEUT, DASS ICH KUBA VON JEGLICHER **VERANTWORTUNG FREISPRECHE** AUßER DER, DIE AUS SEINEM BEISPIEL KOMMT.

ABSCHIEDSBRIEF AN FIDEL

In diesem Jahr wird der Analphabetismus in Kuba beseitigt sein. 104 000 Alphabetisierer jeglichen Alters befinden sich noch in den ländlichen Gebieten und bringen dort 1 250 000 Analphabeten Lesen und Schreiben bei – denn in Kuba gab es sehr wohl Analphabeten, und zwar 1 250 000, **VIEL MEHR, ALS IN DEN OFFIZIELLEN STATISTIKEN AUS FRÜHEREN ZEITEN ANGEFÜHRT.** ANSPRACHE AUF DEM PLENUM DES INTERAMERIKANISCHEN RATES

★

Zum anderen wissen wir, dass im Augenblick der Gefahr sechs Millionen Kubaner wie ein Mensch die Waffe in die Hand nehmen werden, um **IHRE HEIMAT UND IHRE REVOLUTION** zu verteidigen. ANALYSE DER LAGE AUF KUBA, SEINE GEGENWART UND ZUKUNFT

★

Ich fühle, dass ich den Teil meiner Pflicht erfüllt habe, der mich an die kubanische Revolution auf ihrem Gebiet band, und **ICH VERABSCHIEDE MICH VON DIR, VON DEN GENOSSEN UND VON DEINEM VOLK, DAS BEREITS AUCH MEINS IST.** Ich trete formell zurück von meinen Ämtern in der Parteiführung, von meinem Ministerposten, von meinem Rang als Comandante und von meiner kubanischen Staatsangehörigkeit. Nichts Gesetzliches bindet mich mehr an Kuba, nur Bindungen anderer Art, die sich nicht wie Ernennungen aufheben lassen. ABSCHIEDSBRIEF AN FIDEL

★

Die kleine Insel von 114 000 Quadratkilometern Bodenfläche, mit einer Bevölkerung von nur 6,5 Millionen Einwohnern trat an die **SPITZE** des antikolonialen Kampfes in Lateinamerika. GUERILLAKAMPF UND BEFREIUNGSBEWEGUNG

★

DIE **VERWEIGERUNG VON KREDITEN** FÜGTE KUBAS WIRTSCHAFT ZWAR EINEN GROßEN SCHADEN ZU. ABER SIE ERHOLTE SICH WIEDER. UND ES GELANG UNS AUCH, UNSERE HANDELSBILANZ WIEDER AUSZUGLEICHEN. WIR GEWÖHNTEN UNS DARAN, NUR MIT DEM NOTWENDIGEN AUSZUKOMMEN UND UNS DER SITUATION ANZUPASSEN.

NATÜRLICH LIEß DER DRUCK NICHT NACH. ES BEGANN DER TANZ UM DIE ZUCKERQUOTE. ABER AUCH DAMIT WAR UNS NICHT BEIZUKOMMEN. DENN **LETZTLICH SCHNITTEN SICH DIE USA DABEI INS EIGENE FLEISCH**; WAR DOCH KUBA DER GRÖßTE UND BILLIGSTE ZUCKERLIEFERANT.

GUERILLAKAMPF UND BEFREIUNGSBEWEGUNG

Die Revolution beteiligt ihre Arbeiter an der Leitung der Planwirtschaft und hat vor wenigen Monaten die **STADTREFORM** durchgeführt, wobei **JEDEM EINWOHNER DES LANDES SEINE WOHNUNG ÜBERGEBEN WURDE, DAMIT ER NUN IHR BESITZER SEI**, unter der einzigen Bedingung, gemäß einer Tabelle, während einer gewissen Zahl von Jahren, den gleichen Betrag wie bisher zu bezahlen. ANSPRACHE AUF DEM PLENUM DES INTERAMERIKANISCHEN RATES

★

Die **AGGRESSIONEN DER VEREINIGTEN STAATEN** gegen Kuba begannen praktisch unmittelbar nach dem Sieg der Revolution. In der ersten Phase waren sie durch direkte **ANGRIFFE GEGEN KUBANISCHE PRODUKTIONSEINHEITEN** bestimmt. Später waren sie durch die Versuche gekennzeichnet, die kubanische Wirtschaft lahmzulegen. In der Mitte des Jahres 1960 wurde versucht, Kuba von dem notwendigen **BRENNSTOFF** für das Funktionieren seiner Wirtschaft, seiner Verkehrsmittel und seiner Kraftwerke abzutrennen. Auf Druck des State Departments weigerten sich die unabhängigen nordamerikanischen Erdölgesellschaften, **ERDÖL** an Kuba zu verkaufen oder Tanker für den Transport des Rohöls zu verchartern. Wenig später hat man versucht, Kuba die für den Außenhandel notwendigen **DEVISEN** vorzuenthalten. [...] Man hat den Versuch unternommen, die kubanische Industrie durch den Entzug von **ROHSTOFFEN** und **ERSATZTEILEN** zu paralysieren, zu diesem Zweck wurde am 19. Oktober 1960 vom Handelsministerium der Vereinigten Staaten ein Erlass verkündet, der die Verschiffung zahlreicher Produkte nach Kuba untersagte. Dieses **HANDELSVERBOT** mit Kuba wurde ausgebaut bis zum 3. Februar 1962, als der damalige Präsident Kennedy das **TOTALE EMBARGO** der Vereinigten Staaten verhängte. REDE AUF DER UNO-KONFERENZ ÜBER HANDEL UND ENTWICKLUNG

★

Wir suchen nach etwas **NEUEM**, das die vollkommene **IDENTIFIZIERUNG ZWISCHEN DER REGIERUNG UND DER GEMEINSCHAFT** in ihrer Gesamtheit erlaubt, dabei in Einklang steht mit den besonderen Legislativkammern des Aufbaus des Sozialismus und möglichst weit entfernt ist von den **GEMEINPLÄTZEN DER BÜRGERLICHEN DEMOKRATIE**, die auf die werdende Gesellschaft aufgepfropft werden (wie zum Beispiel die Parlamente). Es hat einige Versuche gegeben mit dem Ziel, die Institutionalisierung der Revolution bedachtsam und ohne Überstürzung zu schaffen. Dabei war unsere stärkste Bremse die Furcht, dass irgendein formaler Aspekt uns von den Massen und vom Individuum trennen und wir die letzte und wichtigste revolutionärste Bestrebung aus den Augen verlieren könnten: **DEN MENSCHEN VON SEINER ENTFREMDUNG BEFREIT ZU SEHEN.** DER SOZIALISMUS UND DER MENSCH IN KUBA

★

Die Idee der **AGRARREFORM** gewann scharfe Konturen, und die Gemeinschaft mit dem Volk hörte auf, Theorie zu sein, und sie wurde zu einem unserer **WESENTLICHEN ANLIEGEN.** KUBANISCHES TAGEBUCH

★

Die Bodenreform auf Kuba hat mit den ihr eigenen Charakterzügen für unseren Kontinent eine hervorragende Bedeutung. Sie trägt **ANTIFEUDALEN CHARAKTER**, weil sie durch die Beseitigung der Latifundien auf Kuba auch alle Verträge zerriss, wonach die Bauern **LANDRENTE IN BARGELD** zu zahlen hatten, und sie beseitigte die Leibeigenschaft, die sich bei der Erzeugung unserer hauptsächlichen landwirtschaftlichen Produkte, wie Kaffee und Tabak, bis dahin erhalten hatte. GUERILLAKAMPF UND BEFREIUNGSBEWEGUNG

★

DIE **KUBANISCHE REVOLUTION** IST EINE **ANTIFEUDALISTISCHE UND ANTIIMPERIALISTISCHE AGRARREVOLUTION**, DIE SICH AUF DER GRUNDLAGE IHRER INNEREN ENTWICKLUNG UND VOR DEM HINTERGRUND ÄUSSERER AGGRESSIONEN

ZU EINER SOZIALISTISCHEN REVOLUTION WANDELTE; UND SIE BEZEICHNET SICH AUCH VOR GANZ AMERIKA ALS SOLCHE: ALS **SOZIALISTISCHE REVOLUTION**.

ANSPRACHE AUF DEM PLENUM DES INTERAMERIKANISCHEN RATES

Die **ERSTE GROßE SCHLACHT** der Regierung wird in der **AGRARREFORM** bestehen, die kühn, umfassend, aber flexibel sein wird: Sie wird den Großgrundbesitz Kubas vernichten, jedoch nicht die kubanischen Produktionsmittel. (...) **DAS LAND WIRD DEN BAUERN KOSTENLOS ÜBERGEBEN.** Man wird diejenigen mit langfristigen Ablösungsgutscheinen bezahlen, die beweisen können, dass sie ihren **BESITZ EHRLICH ERWORBEN** haben, aber die Bauern werden auch technische Hilfe erhalten. Man wird den Absatz der Bodenerzeugnisse garantieren, und man wird die Produktion im Rahmen einer umfassenden nationalen Perspektive für ihre Nutzung und in Verbindung mit der großen Schlacht der Agrarreform regulieren, die es den entsprechenden kubanischen Industriebetrieben in kurzer Zeit ermöglichen soll, mit den riesigen Unternehmen jener Länder konkurrieren zu können, in denen der Kapitalismus seine höchste Entwicklungsstufe erreicht hat. KUBANISCHES TAGEBUCH

★

Wir müssen jeden Preis zahlen für das Recht, den Sozialismus nach **DEM WILLEN UNSERES VOLKES** aufzubauen. EINE NEUE HALTUNG GEGENÜBER DER ARBEIT

★

Die **HOTELS** bilden ein schwieriges Problem, weil sie im Kuba einer **KOLONIALMENTALITÄT** gebaut und betrieben wurden [...]. Wenn Touristen kommen, dann aus den Vereinigten Staaten. Diejenige werden kommen, die genug Verstand haben und Mumm haben, den Drohungen ihrer Regierung zu trotzen.
REVOLUTION UND EGOISMUS SCHLIEßEN SICH AUS

★

Und der Bauer wird **SEINEN TRAKTOR** untersuchen, um die vorhandenen technischen Probleme zu lösen, damit die Felder **SEINER GENOSSENSCHAFT** bessere Erträge erbringen.

ANSPRACHE AUF DEM KONGRESS DER LATEINAMERIKANISCHEN JUGEND

★

Wir können nicht umhin, unser Beispiel zu exportieren, denn so wollen es die Vereinigten Staaten; **UNSER BEISPIEL IST EINE IDEE UND DAHER GRENZÜBERSCHREITEND.** Sehr wohl können wir aber garantieren, dass wir die Revolution nicht exportieren werden; wir geben die Garantie ab, dass kein Gewehr sich aus Kuba, dass keine Waffe sich aus Kuba bewegen wird, um in einem anderen lateinamerikanischen Land zu kämpfen. ANSPRACHE AUF DEM PLENUM DES INTERAMERIKANISCHEN RATES

SOBRE ECONOMÍA
ÜBER ÖKONOMIE

Es heißt also, eine äußerst schwierige Strecke zu überwinden, bis zum Aufbau der wirtschaftlichen Basis. Die Versuchung jedoch den ausgetretenen Pfad des materiellen Interesses als treibender Kraft für eine raschere Entwicklung zu folgen, ist außerordentlich groß. Doch läuft man dann Gefahr, vor lauter Bäumen den Wald nicht zu sehen. Dem **HIRNGESPINST** nachjagend, man könne **DEN SOZIALISMUS MIT DEN MORSCHEN WAFFEN VERWIRKLICHEN**, die der Kapitalismus uns vererbte (die Ware als ökonomische Zelle, die Rentabilität, das individuelle materielle Interesse als Hebelkraft usw.), gerät man leicht in eine Sackgasse. DER SOZIALISMUS UND DER MENSCH IN KUBA

★

Wir lehnen die **OBJEKTIVE NOTWENDIGKEIT DES MATERIELLEN ANREIZES** nicht ab, doch wehren wir uns dagegen, ihn als grundlegenden anregenden Hebel zu gebrauchen. Wir glauben, dass in der Ökonomie, diese Art von Hebel schnell zu einer **SELBSTSTÄNDIGEN ERSCHEINUNG** wird und dann den Beziehungen zwischen den Menschen ihre eigene Kraft aufdrängt. Man darf nicht vergessen, dass sie vom Kapitalismus stammt und ihr Los im Sozialismus der Tod ist. ÜBER DAS HAUSHALTSMÄSSIGE FINANZIERUNGSSYSTEM

★

Die Produktionsmittel gehören der Gesellschaft, und die **MASCHINE IST NUR WIE DER SCHÜTZENGRABEN**, in dem die Pflicht erfüllt wird. DER SOZIALISMUS UND DER MENSCH IN KUBA

★

DER **WIRTSCHAFTLICHE SOZIALISMUS OHNE KOMMUNISTISCHE MORAL** INTERESSIERT MICH NICHT. WIR KÄMPFEN GEGEN DAS ELEND, ABER GLEICHZEITIG AUCH **GEGEN DIE ENTFREMDUNG**.

WIR SIND DIE REVOLUTIONÄRE HEFE FÜR GANZ LATEINAMERIKA

Wir offenbaren die Gefahren der wirtschaftlichen Integration Lateinamerikas, weil wir das europäische Beispiel kennen. [...] Wir machen auf die Gefahr aufmerksam, **DASS DIE INTERNATIONALEN MONOPOLE DEN HANDEL ZWISCHEN DEN FREIHANDELSZONEN VOLLSTÄNDIG BEHERRSCHEN KÖNNTEN.** ANSPRACHE AUF DEM PLENUM DES INTERAMERIKANISCHEN RATES

★

[...] die **KOLONIALEN DEFORMATIONEN**, die die Entwicklung der Völker hemmen, [liegen] nicht nur in den politischen Beziehungen. Die sogenannte Verschlechterung der Austauschverhältnisse ist nichts anderes als das Ergebnis des unterschiedlichen Austauschs zwischen **DEN ROHSTOFFPRODUZIERENDEN LÄNDERN UND DEN INDUSTRIALISIERTEN LÄNDERN**, die die Märkte beherrschen und einen anscheinend wertmäßig gerechten Austausch durchsetzen. ANSPRACHE VOR DER UNO-VOLLVERSAMMLUNG

★

WIR NEGIEREN DIE EXISTENZ DER KATEGORIE WARE IN DER BEZIEHUNG ZWISCHEN STAATLICHEN UNTERNEHMEN, und wir betrachten alle Unternehmen als Teil des einzigen großen Unternehmens, des Staates (wenn auch in der Praxis derartiges in unserem Land noch nicht geschieht). ÜBER DAS HAUSHALTSMÄSSIGE FINANZIERUNGSSYSTEM

★

Ja, der **MATERIELLE ANREIZ** widersetzt sich der **ENTWICKLUNG DES BEWUSSTSEINS**, aber er ist ein großer **HEBEL, UM DIE ERFOLGE IN DER PRODUKTION** zu erzielen. ÜBER DAS HAUSHALTSMÄSSIGE FINANZIERUNGSSYSTEM

★

UND UNSERE AUFGABE, **UNSERE AUFGABE ALS KÄMPFER IN DER PRODUKTION** IST ES, UNSER BEWUSSTSEIN AUF DIESEM WEG WEITERZUENTWICKELN, JEDEN TAG. WIR MÜSSEN ES SO GUT MACHEN, DASS JEDER ARBEITER SEINE FABRIK LIEBT; ABER DASS JEDER ARBEITER WEIß, DASS, WENN DER PREIS DAFÜR, SEINE FABRIK, SEINE ARBEIT ODER SEIN EIGENES LEBEN ODER DAS SEINER

KINDER ZU ERHALTEN, DER IST, AUF DIE KNIE ZU GEHEN, DIESER PREIS NIE VOM KUBANISCHEN VOLK BEZAHLT WERDEN WIRD.

EINE NEUE HALTUNG GEGENÜBER DER ARBEIT

Heute stehen wir an erster Stelle in Amerika bei der Zuweisung von Mitteln an das **BILDUNGSWESEN:** 5,3 % des nationalen Einkommens wird ihm gewidmet. Die entwickelten Länder geben dafür 3 bis 4 % des Nationaleinkommens aus und die Länder Lateinamerikas 1 bis 2 %. ANSPRACHE AUF DEM PLENUM DES INTERAMERIKANISCHEN RATES

★

Du weißt, Kamerad Pachman, ich bin nicht gerne Minister, **LIEBER WÜRDE ICH SCHACH SPIELEN** wie du, oder in Venezuela eine Revolution durchführen. ZU LUDEK PACHMAN, TSCHECHISCH-DEUTSCHER SCHACHSPIELER

★

Die Industrialisierung wird mit Opfern bezahlt. Ein **BESCHLEUNIGTER INDUSTRIALISIERUNGSPROZESS IST KEIN ZUCKERSCHLECKEN**; das werden wir in Zukunft noch merken. REVOLUTION UND EGOISMUS SCHLIEẞEN SICH AUS

★

Wir unternehmen alles nur Mögliche, um der Arbeit diesen neuen **CHARAKTER DER GESELLSCHAFTLICHEN PFLICHT** zu verleihen, sie auf der einen Seite mit der Entwicklung der Technik zu verbinden, welche die Möglichkeit zu größerer Freiheit bieten wird, und auf der anderen Seite mit der freiwilligen Arbeit, dabei stützen wir uns auf die marxistische Einsicht, dass der Mensch seinen vollen menschlichen Zustand erst dann wirklich erreicht, wenn er produziert, **OHNE DEN ZWANG DER PHYSISCHEN NOTWENDIGKEIT**, sich als Ware verkaufen zu müssen. DER SOZIALISMUS UND DER MENSCH IN KUBA

★

DIE **WARE IST DIE ÖKONOMISCHE ZELLE DER KAPITALISTISCHEN GESELLSCHAFT**; SOLANGE SIE BESTEHT, WERDEN SICH IHRE AUSWIRKUNGEN IN DER ORGANISATION DER PRODUKTION UND DEMZUFOLGE IM BEWUSSTSEIN BEMERKBAR MACHEN.

DER SOZIALISMUS UND DER MENSCH IN KUBA

Selbstverständlich muss das **GANZE VOLK EIGENTÜMER AN DEN PRODUKTIONSMITTELN** sein, damit auch das ganze Volk **AN DEN PLANUNGSAUFGABEN BETEILIGT** werden kann, denn wenn diese Voraussetzung nicht gegeben ist, dann wird eine Aktivierung schwer möglich sein. Das Volk wird sie in diesem Fall kaum wollen, und ich habe den Eindruck, dass die Besitzer der Unternehmen sie auch nicht wünschen werden. ANSPRACHE AUF DEM PLENUM DES INTERAMERIKANISCHEN RATES

★

Das Ministerium für Binnenhandel würde die Aufgabe übernehmen, die **KAUFKRAFT DER BEVÖLKERUNG UND DIE PREISE DER ANGEBOTENEN WAREN EINANDER ANZUGLEICHEN**, jedoch dabei zu beachten, dass eine ganze Reihe von Artikeln, die für das Leben der Menschen **GRUNDLEGEND NOTWENIG** sind, **ZU NIEDRIGEN PREISEN** angeboten werden müssen, wenn auch bei anderen, weniger wichtigen Gütern, **UNTER MISSACHTUNG DES WERTGESETZES**, in dem je besonderen Fall der Preis erhöht wird. ÜBER DAS HAUSHALTSMÄSSIGE FINANZIERUNGSSYSTEM

★

Es ist evident, dass, wenn die Gesellschaft den **NUTZEN EINES PRODUKTES** nicht anerkennt, dieses **KEINEN TAUSCHWERT** haben wird [...], aber es ist nicht weniger evident, dass Marx die Idee des Wertes mit der abstrakten Arbeit identifiziert. **DIE SUCHE NACH DEM MAß DER ARBEIT DECKT SICH MIT DER SUCHE NACH DEM MAß DES WERTES.** ÜBER DIE KONZEPTION DES WERTES

★

Dennoch sind die schwierigen Tage nicht im entferntesten vorüber; sie sind auf dem Gebiet der Wirtschaft nicht vorüber und noch viel weniger in Bezug auf die Bedrohung durch eine Aggression von außen. **ES SIND WIRKLICH SCHWERE TAGE, ABER WERT, SIE ZU LEBEN.** EINE NEUE HALTUNG GEGENÜBER DER ARBEIT

★

Der **INTERNATIONALE WÄHRUNGSFONDS**, die **INTERNATIONALE ENTWICKLUNGSBANK**, das **GATT**, und, auf unserem Kontinent, die **INTERAMERIKANISCHE BANK FÜR WIEDERAUFBAU UND ENTWICKLUNG** sind Beispiele für internationale Institutionen, die in den Dienst der großen kapitalistischen Mächte und insbesondere in den Dienst des nordamerikanischen Imperialismus gestellt wurden. Sie mischen sich in die **INNERE WIRTSCHAFTSPOLITIK**, in die **AUßENHANDELSPOLITIK** und in alle Formen der inneren **WIRTSCHAFTLICHEN BEZIEHUNGEN** sowie der **AUßENHANDELSBEZIEHUNGEN** der Völker ein. [...] Alle diese Institutionen arbeiten nach Regeln und Prinzipien, die sie als Hüter der Gleichheit und Gegenseitigkeit der internationalen Wirtschaftsbeziehungen ausweisen sollen, doch in Wahrheit ist dies nichts anderes als ein **FETISCH**, hinter dem sich die subtilsten Instrumente für die **PERPETUIERUNG DER RÜCKSTÄNDIGKEIT UND DER AUSBEUTUNG** verbergen. REDE AUF DER UNO-KONFERENZ ÜBER HANDEL UND ENTWICKLUNG

»¡HASTA LA VICTORIA SIEMPRE!«

AUF IMMER BIS ZUM SIEG

Das **SCHWER ZU BEGREIFENDE** für den, der die **ERFAHRUNG DER REVOLUTION NICHT GEMACHT** hat, ist die feste dialektische Einheit, die zwischen dem **INDIVIDUUM UND DER MASSE** herrscht, innerhalb derer beide in Wechselbeziehung zueinander stehen, und die Masse ihrerseits, als Gesamtheit von Individuen, in Wechselbeziehung zu den Führern steht. DER SOZIALISMUS UND DER MENSCH IN KUBA

Der Bürokratismus entsteht natürlich weder aus der sozialistischen Gesellschaft, noch ist er einer ihrer obligaten Bestandteile. Die **STAATLICHE BÜROKRATIE** gab es bereits in der **EPOCHE DER BÜRGERLICHEN REGIME** mit ihrem Gefolge von Vetternwirtschaft und Lakaientum, als im Schatten des Haushalts immer mehr Nutznießer heranwuchsen, die den Hofstaat des Politikers vom Dienst bildeten.
GEGEN DEN BÜROKRATISMUS

★

Jedoch irrt sich der Staat bisweilen. Und sobald einer dieser Irrtümer auftaucht, wird eine Verminderung der kollektiven Begeisterung als Folge der quantitativen Verminderung jedes einzelnen Elements, das sie ausmacht, spürbar, und die Arbeit erlahmt, bis sie auf unerhebliche Ausmaße zusammenschrumpft; **DAS IST DER AUGENBLICK, WO MAN BERICHTIGEN MUSS.** DER SOZIALISMUS UND DER MENSCH IN KUBA

★

Die Absicht der revolutionären Regierung ist es, **UNSER LAND IN EINE GROßE SCHULE ZU VERWANDELN**, in der Studium und Anwendung der Studien einen der Grundfaktoren bilden, um die Lage des **INDIVIDUUMS** zu verbessern, sowohl **WIRTSCHAFTLICH** als auch in Bezug auf seine **MORALISCHE** Stellung innerhalb der Gesellschaft und in **EINKLANG MIT SEINEN FÄHIGKEITEN.** GEGEN DEN BÜROKRATISMUS

★

Wenn von der **ERRINGUNG DER MACHT AUF DEM WEGE ÜBER WAHLEN** gesprochen wird, dann stelle ich immer wieder diese Frage: Kommt es nicht sofort zum Konflikt mit den reaktionären Klassen eines Landes, wenn eine Volksbewegung aufgrund massiver Stimmengewinne die Regierung stellt und den Beschluss fasst, konsequent die großen sozialen Veränderungen einzuleiten, die das Programm ihres erfolgreichen Wahlkampfes waren? KUBA – HISTORISCHE AUSNAHME ODER VORHUT IM KAMPF GEGEN DEN IMPERIALISMUS?

★

Das fast völlige Fehlen von Kenntnissen, das [...] durch eine Reihe von Versammlungen wettgemacht wird, schafft den **»VERSAMMLUNGSFETISCHISMUS«**, der sich vor allem im Mangel an Weitsicht bei der Lösung der Probleme niederschlägt. In solchen Fällen wird der Bürokratismus, das heißt das **BREMSEN DER GESELLSCHAFTLICHEN ENTWICKLUNG** in Form von **PAPIERKRIEG** und **UNENTSCHLOSSENHEIT**, den betroffeneren Organisationen zum Schicksal. GEGEN DEN BÜROKRATISMUS

★

SELBSTVERSTÄNDLICH **KANN AUCH DIE REGIERUNG FEHLER BEGEHEN**, UND DER ARBEITERFÜHRER WIRD AUF SIE AUFMERKSAM MACHEN MÜSSEN; ER MUSS SOGAR MIT NACHDRUCK AUF DIESE FEHLER HINWEISEN, FALLS SIE SICH WIEDERHOLEN UND NICHT KORRIGIERT WERDEN. **DAS IST NICHTS WEITER ALS EINE VERFAHRENSFRAGE**.

REVOLUTION UND EGOISMUS SCHLIEẞEN SICH AUS

Wir alle müssen mitarbeiten, um das dringende Gebot des Augenblicks zu erfüllen: **KAMPF DEM BÜROKRATISMUS.** Beweglichkeit des Staatsapparats. **UNGEHEMMTE PRODUKTION UND VERANTWORTUNG FÜR DIE PRODUKTION.** GEGEN DEN BÜROKRATISMUS

★

Wir sind zwar nicht mit allem einverstanden, was unsere Fachleute oder unsere Künstler tun. Oft müssen wir intensiv mit ihnen diskutieren, aber wir haben zuwege gebracht, dass **SOGAR DIEJENIGEN LEUTE IN KUBA BLEIBEN**, kämpfen, diskutieren, arbeiten und aufbauen, **DIE KEINE SOZIALISTEN SIND**, die nicht sozialistisch fühlen, ja sogar diejenigen, die Groll gegen den Sozialismus empfinden und Sehnsucht nach den alten Zeiten haben. Das allein ist **PRAKTIZIERTER SOZIALISMUS**, also das, was uns vor allem interessiert. TECHNIK UND REVOLUTION

★

Gleichzeitig müssen wir mit allen Kräften ein politisches Programm entwickeln, um dem inneren Antrieb abzuhelfen, das heißt, dem **MANGEL AN POLITISCHER KLARSICHT**, der sich als **MANGEL AN LEISTUNGSKRAFT** niederschlägt. Die Wege dazu sind: **FORTWÄHRENDE ERZIEHUNG DURCH KONKRETES ERKLÄREN JEDER AUFGABE**, sodass bei den Verwaltungsbeamten ein Interesse an ihrer speziellen Arbeit geweckt wird durch das Vorbild der Avantgarde-Arbeiter einerseits und andererseits durch drastische Maßnahmen zur Entfernung der Schmarotzer, sowohl derer, die in ihrer Haltung eine tiefe Feindschaft gegenüber der sozialistischen Gesellschaft verstecken, als auch derer, die mit der Arbeit unheilbar auf Kriegsfuss stehen. GEGEN DEN BÜROKRATISMUS

★

Von also **4000 ARBEITERN** [der Textilindustrie von Ariguanabo] sind **197 GENOSSEN** gewählt worden, die alle notwendigen Voraussetzungen erfüllen, um der Vereinigten Sozialistischen Revolutionspartei beizutreten. Aber unter diesen 197 Genossen befinden sich nur **5 FRAUEN**. [...] Das wiederum deckt auf, dass die gleichberechtigte Einbeziehung der Frau in die **AKTIVE TÄTIGKEIT** beim Aufbau des Sozialismus bisher keineswegs verwirklicht ist. Es wäre angebracht, dass wir uns bemühen, allerorts festzustellen, warum das noch so ist. DIE AUFGABEN DER PARTEI

★

Wir dürfen nie vergessen – **UM VERNÜNFTIGE SELBSTKRITIK ZU ÜBEN** –, dass die ökonomische Führung der Revolution für die Mehrzahl der bürokratischen Übel verantwortlich ist: die staatlichen Apparate entwickelten sich nicht nach einem einheitlichen Plan, dessen internes Funktionieren gründlich untersucht worden war und der genügend Raum ließ für die Erprobung neuer Verwaltungsmethoden. GEGEN DEN BÜROKRATISMUS

★

Die **BEFREIUNG DER FRAU** [kann] nur heißen: die Erlangung ihrer totalen Freiheit, das heißt auch ihrer **INNEREN UNGEBUNDENHEIT VON ÜBERKOMMENEN GESELLSCHAFTSBILDERN**; denn es handelt sich ja nicht um einen bloßen physischen Druck, der die Frauen von bestimmten Tätigkeiten ausschließt. Auch hier wirkt der Ballast vergangener Traditionen nach. DIE AUFGABEN DER PARTEI

»CONTRA EL IMPERIALISMO DONDEQUIERA QUE ESTÉ«
GEGEN DEN IMPERIALISMUS, WO ER AUCH IST

Man muss endlich berücksichtigen, dass der Imperialismus ein Weltsystem, die letzte Stufe des Kapitalismus ist. Er muss in einer großen, weltweiten Auseinandersetzung besiegt werden. DAS STRATEGISCHE ZIEL MUSS DIE ZERSTÖRUNG DES IMPERIALISMUS SEIN. BOTSCHAFT AN DIE VÖLKER DER WELT: SCHAFFEN WIR ZWEI, DREI, VIELE VIETNAM

★

Der KAPITALISMUS hat in der Kultur alles von sich gegeben, und es bleibt nichts von ihm übrig außer dem Vorzeigen eines ÜBEL RIECHENDEN KADAVERS: die heutige Dekadenz in der Kunst. SOZIALISMUS UND DER MENSCH IN KUBA

★

Dort, wo ein Unterdrückerregime auf MEHR ODER WENIGER DEMOKRATISCHEM WEGE an die Macht gelangt ist (sei es sogar einmal ohne Wahlfälschungen) und wo wenigstens dem Anschein nach die verfassungsmäßige Gesetzlichkeit gewahrt wird, kann keine Guerillabewegung entstehen, weil die MÖGLICHKEITEN DES KAMPFES MIT FRIEDLICHEN MITTELN noch nicht ausgeschöpft sind. GUERILLAKAMPF UND BEFREIUNGSBEWEGUNG

★

DIE GRÖẞTE IMPERIALISTISCHE MACHT FÜHLT IN IHREN EINGEWEIDEN DIE BLUTUNG, DIE EIN ARMES UND ZURÜCKGEBLIEBENES LAND VERURSACHT. SEINE FABELHAFTE ÖKONOMIE SCHWANKT UNTER DEN ANSTRENGUNGEN DES KRIEGES. **TÖTEN HÖRT AUF, DAS BEQUEMSTE GESCHÄFT DER MONOPOLE ZU SEIN.**

BOTSCHAFT AN DIE VÖLKER DER WELT: SCHAFFEN WIR ZWEI, DREI, VIELE VIETNAM

Je teurer es für den Imperialismus wird, diese Insel einzunehmen, je **STÄRKER UNSERE VERTEIDIGUNG** und je **BESSER DAS BEWUSSTSEIN** unserer Bürger ist, desto mehr wird er es sich überlegen; zu gleicher Zeit aber verschafft uns die wirtschaftliche Entwicklung des Landes größere Erleichterung, bringt uns größerem Wohlstand näher.

GEGEN DEN BÜROKRATISMUS

★

Playa Girón [Schweinebucht] ist ein Symbol für alle unterdrückten Völker; **PLAYA GIRÓN IST DIE ERSTE NIEDERLAGE DES IMPERIALISMUS AUF WELTEBENE.**

EINE NEUE HALTUNG GEGENÜBER DER ARBEIT

★

Unsere freien Augen erblicken heute neue Horizonte und sind fähig zu sehen, was wir gestern in unserer Eigenschaft als koloniale Sklaven nicht sehen konnten, nämlich dass die **»WESTLICHE ZIVILISATION« HINTER IHRER ANSEHNLICHEN FASSADE HYÄNEN UND SCHAKALE VERBIRGT.** [...] Ein reißendes Tier, das sich an wehrlosen Völkern mästet, das ist der Imperialismus, so geht er mit Menschen um, und das zeichnet den imperialen »Weißen« aus. ANSPRACHE VOR DER UNO-VOLLVERSAMMLUNG

★

Wir, das kubanische Volk, sagen, um ein Beispiel zu nennen, keinem Volk der Welt, wie es mit dem **WELTWÄHRUNGSFONDS** umzugehen hat, aber wir akzeptieren auch nicht, wenn man uns Ratschläge geben will. **WIR WISSEN GUT, WAS ZU TUN IST**, wenn etwas gut getan werden soll, aber wenn sie dies nicht tun wollen, nun, das ist ihre Sache. ANSPRACHE AUF DEM KONGRESS DER LATEINAMERIKANISCHEN JUGEND

★

Die **DIKTATORISCHEN REGIERUNGEN** vertreten die **INTERESSEN EINER KLEINEN MINDERHEIT** und kommen durch einen Staatsstreich an die Macht; die **DEMOKRATISCHEN**, auf eine **BREITE MASSENBASIS** gestützten Regierungen müssen sich unter großen Schwierigkeiten durchsetzen und sind oftmals, noch bevor sie die Macht übernehmen, durch eine Reihe von **VORANGEGANGEN ZUGESTÄNDNISSEN GEBUNDEN UND GEBRANDMARKT**, die sie machen mussten, um ihrer Sache den Erfolg zu sichern. KUBANISCHES TAGEBUCH

★

Die Beherrschung des Wertgesetzes und seine Verwendung innerhalb eines Planes zeigen den enormen **VORTEIL DES SOZIALISMUS GEGENÜBER DEM KAPITALISMUS.** Dank der Beherrschung des Wertgesetzes wird seine Wirkung in der sozialistischen Wirtschaft nicht begleitet von einer **VERSCHWENDUNG GESELLSCHAFTLICHER ARBEIT**, wie bei der Anarchie der Produktion, **DIE DEM KAPITALISMUS EIGEN IST.** ÜBER DAS HAUSHALTSMÄSSIGE FINANZIERUNGSSYSTEM

★

Der **KAPITALISMUS GREIFT ZUR GEWALT**, doch darüber hinaus erzieht er die Leute **IM SYSTEM**. Die direkte Propaganda wird von jenen betrieben, die beauftragt sind, die Unvermeidlichkeit der Klassenherrschaft zu predigen, sei sie nun göttlichen Ursprungs oder von der Natur (als etwas Mechanischem) aufgezwungen. **DAS LÄHMT DIE MASSEN**, die sich von einem Übel unterdrückt sehen, gegen das kein Kampf möglich ist. DER SOZIALISMUS UND DER MENSCH IN KUBA

★

DER NORDAMERIKANISCHE IMPERIALISMUS KANN NICHT UMHIN, UNSER VERSCHWINDEN ZU WÜNSCHEN, SEI NUN **KENNEDY ODER WER SONST AUCH IMMER** PRÄSIDENT DER VEREINIGTEN STAATEN.

WIR SIND DIE REVOLUTIONÄRE HEFE FÜR GANZ LATEINAMERIKA

AN DEN **STRÄNDEN** UNSERER INSEL KONNTEN **WEDER** DER **SCHWARZE** NOCH DER **ARME** BADEN, WEIL DIE STRÄNDE PRIVATKLUBS GEHÖRTEN UND TOURISTEN VON ANDEREN GESTADEN ZU UNS KAMEN, DIE NICHT MIT SCHWARZEN AN EINEM STRAND BADEN WOLLTEN. [...] **SO WAR UNSER LAND**.

ANSPRACHE AUF DEM PLENUM DES INTERAMERIKANISCHEN RATES

Die Aufgabe, die uns, den Ausgebeuteten und Zurückgebliebenen der Welt, gestellt ist, besteht in der **ELIMINIERUNG DER ERNÄHRUNGSBASEN** des Imperialismus. Diese Ernährungsbasen sind unsere unterjochten Völker aus denen **KAPITALIEN, ROHSTOFFE, TECHNIKEN** und **BILLIGE ARBEITSKRÄFTE** herausgezogen werden und wohin neue Kapitalien, Instrumente der Beherrschung, Waffen und Güter aller Art exportiert werden. Das alles lässt uns in absolute Abhängigkeit geraten. BOTSCHAFT AN DIE VÖLKER DER WELT: SCHAFFEN WIR ZWEI, DREI, VIELE VIETNAM

★

Nach unserer Meinung wird es nicht dazu kommen, dass der Imperialismus **SEINE MACHTSTELLUNG FREIWILLIG AUFGEBEN** wird. Vom strategischen Standpunkt betrachtet wäre das lächerlich, solange er noch über Waffen verfügt; auf der anderen Seite müssten die Linkskräfte sehr stark sein, um die Reaktion zur Kapitulation zu zwingen [...]. DER EINFLUSS DER KUBANISCHEN REVOLUTION AUF LATEINAMERIKA

★

Die **GESETZE DES KAPITALISMUS, UNSICHTBAR** und **BLIND** für die meisten Leute, wirken auf das Individuum, ohne dass es dessen gewahr wird. Es sieht nur die Weite des Horizonts, der unendlich scheint. Genauso stellt es auch die kapitalistische Propaganda dar, die aus dem Fall Rockefeller – ob wahr oder nicht – eine **LEKTION ÜBER DIE MÖGLICHKEITEN DES ERFOLGS** ableiten will. Das **ELEND**, das notwendigerweise akkumuliert werden muss, damit ein solches Paradebeispiel entsteht, und die Summe von **NIEDERTRÄCHTIGKEITEN**, auf der ein Vermögen dieser Größe beruht, **ERSCHEINEN NICHT IN DEM GEMÄLDE**, und nicht immer ist es den Volkskräften möglich, diese Entstellungen aufzudecken. DER SOZIALISMUS UND DER MENSCH IN KUBA

★

Wir verstehen, dass diese Versammlung nicht in der Lage ist, Erklärungen über diese Tatsache zu verlangen, aber es muss ganz deutlich gesagt werden, dass **DIE REGIERUNG** der Vereinigten Staaten **NICHT DER ANWALT DER FREIHEIT**, sondern der **BEWAHRER DER AUSBEUTUNG UND DER UNTERDRÜCKUNG** der Völker der Welt und eines guten Teils der eigenen Bevölkerung ist. ANSPRACHE VOR DER UNO-VOLLVERSAMMLUNG

★

Wir verstehen den **KOMMUNISMUS** nicht als die mechanische Summe der Konsumgüter in einer gegebenen Gesellschaft, sondern als das **ERGEBNIS EINES BEWUSSTEN AKTES**; daher die Wichtigkeit der Erziehung und folglich der Veränderung des Bewusstseins der Individuen im Rahmen einer sich inmitten voller materieller Entwicklung befindlichen Gesellschaft. DAS BANKWESEN, DER KREDIT UND DER SOZIALISMUS

★

Wie kann sich jemand als **GENDARM DER FREIHEIT** aufspielen, der seine eigenen Kinder ermordet und sie täglich wegen ihrer Hautfarbe diskriminiert, der die **MÖRDER DER SCHWARZEN** in Freiheit lässt und sie auch noch beschützt und der die schwarze Bevölkerung bestraft, weil sie ihre legitimen **RECHTE ALS FREIE MENSCHEN** einfordert? ANSPRACHE VOR DER UNO-VOLLVERSAMMLUNG

★

Unsere Bodenreform basiert auf dem Recht des Volkes und richtet sich im gleichen Maße **GEGEN** die **UNITED FRUIT COMPANY** und **KING RANCH** wie auch gegen unsere **EIGENEN LATIFUNDIENBESITZER**, aber nicht gegen irgendein anderes Land. GUERILLAKAMPF UND BEFREIUNGSBEWEGUNG

★

Wir verstehen sehr wohl und sagen dies auch offen, dass die einzige konkrete LÖSUNG der heutigen PROBLEME DER MENSCHHEIT die vollständige BEENDIGUNG DER AUSBEUTUNG der abhängigen Länder durch die entwickelten kapitalistischen Länder ist, und zwar mit allen sich daraus ergebenden Konsequenzen. REDE AUF DER UNO-KONFERENZ ÜBER HANDEL UND ENTWICKLUNG

★

Zu den verbrecherischen Plänen der Imperialisten gehört auch die ERMORDUNG des »verrückten Kerls« FIDEL CASTRO. Er hat sich den besonderen Zorn der Monopolisten zugezogen. Außerdem ist auch die Ermordung von zwei weiteren gefährlichen »internationalen Agenten« vorgesehen, worunter sie RAÚL CASTRO und den VERFASSER dieser Zeilen verstehen. ANALYSE DER LAGE AUF KUBA, SEINE GEGENWART UND ZUKUNFT

»SEAMOS REALISTAS Y HAGAMOS LO IMPOSIBLE«

SEIEN WIR REALISTISCH, VERSUCHEN WIR DAS UNMÖGLICHE

Wir haben die KASERNEN in SCHULEN verwandelt.
ANSPRACHE AUF DEM PLENUM DES INTERAMERIKANISCHEN RATES

★

Der **MENSCH IM SOZIALISMUS** ist trotz seiner scheinbaren Standardisierung vollkommener; obwohl der perfekte Mechanismus dazu noch fehlt, ist **SEINE MÖGLICHKEIT, SICH ZU ÄUẞERN** und im **GESELLSCHAFTLICHEN APPARAT BEMERKBAR** zu machen, **UNENDLICH VIEL größer.** DER SOZIALISMUS UND DER MENSCH IN KUBA

★

Das sich **ENTFREMDENDE MENSCHLICHE INDIVIDUUM HAT EINE UNSICHTBARE NABELSCHNUR**, die es an die Gesellschaft als Ganzes fesselt: das Wertgesetz. Dieses greift in sämtliche Bereiche seines Lebens ein, es prägt seinen Weg und sein Schicksal. DER SOZIALISMUS UND DER MENSCH IN KUBA

★

Deshalb sagen wir, dass die **FREIWILLIGE ARBEIT** nicht hinsichtlich ihrer ökonomischen Bedeutung, die sie am heutigen Tag für den Staat haben mag, betrachtet werden soll; die freiwillige Arbeit ist vor allem der Faktor, der mehr als irgendein anderer das **BEWUSSTSEIN DER ARBEITER** entwickelt. Und das umso mehr, wenn diese Arbeiter ihre Arbeit an Orten ausüben, die für sie nicht üblich sind. Unsere administrativen Arbeiter und unsere Techniker kennen die Felder Kubas und die Fabriken unserer Industrie, denn sie haben dort freiwillige Arbeit geleistet, manchmal unter sehr schwierigen Bedingungen. **DAS RESULTAT IST EIN NEUER ZUSAMMENHALT UND NEUES VERSTÄNDNIS** zwischen den beiden Teilbereichen, die die kapitalistische Produktionsweise immer getrennt und in Rivalität zueinander gehalten hat, denn das ist der **TEIL DES KAPITALISTISCHEN VERSUCHS DER STÄNDIGEN TRENNUNG**, um so ein **GROßES HEER VON ARBEITSLOSEN** sich zu erhalten, **VERZWEIFELTE MENSCHEN**, bereit, um jeden Bissen Brot zu kämpfen, entgegen allen langfristigen Zielen und manchmal allen Prinzipien zuwider. EINE NEUE HALTUNG GEGENÜBER DER ARBEIT

★

Die **FREIWILLIGE ARBEIT** verwandelt sich dann in ein **MITTEL DER EINIGUNG UND DES VERSTÄNDNISSES** zwischen unseren administrativen Arbeitern und den Handarbeitern, um den Weg für eine neue Stufe der Gesellschaft vorzubereiten, eine neue Stufe der Gesellschaft, auf der es keine Klassen geben wird, und wo es daher **KEINEN UNTERSCHIED ZWISCHEN EINEM HANDARBEITER UND EINEM INTELLEKTUELLEN ARBEITER, ZWISCHEN ARBEITER UND BAUER GEBEN WIRD.** EINE NEUE HALTUNG GEGENÜBER DER ARBEIT

★

DIE SCHÖNHEIT IST KEINE SACHE, DIE MIT DER REVOLUTION ZERSTRITTEN STEHT. Einen allgemeinen Gebrauchsgegenstand anzufertigen, der **HÄSSLICH** ist, wenn man auch einen machen könnte, der schön wäre, ist eine **GROBE NACHLÄSSIGKEIT.** ANSPRACHE AUF DER NATIONALEN VERSAMMLUNG DER PRODUKTION

★

Es gab viele Fälle, in denen in Kuba darüber gesprochen wurde, dass dieses oder jenes Medikament fehlt. Eine Art der **KONTERREVOLUTION**, die man benutzt hat, sehr einfach und in einigen Fällen ziemlich effektiv, ist es, wenn **EIN ARZT SAGT**: »Nehmen Sie **DIESES MEDIKAMENT**, es ist sehr gut. Wenn man Ihnen ein anderes geben will, sagen Sie nein, denn dieses ist das einzige gute.« So erscheint ein Produkt von Abbott oder Lilly oder von jeder anderen dieser nordamerikanischen Marken. Und wenn man den Menschen nun ein **ERSATZPRODUKT** anbietet, wollen sie es nicht, weil der Arzt ja gesagt hat, dass das einzige, das wirkt, ein anderes sei. **DIE ZUSAMMENSETZUNG IST JEDOCH DIE GLEICHE ODER ÄHNLICH.** Im medizinischen Bereich haben sie nicht so viele Sachen entwickelt. Es gibt vier, fünf oder zehn Produkte für den täglichen Gebrauch, und es gibt einige hundert oder vielleicht fünfhundert grundsätzliche Produkte, **ABER NICHT MEHR, NICHT ABERTAUSENDE** von Marken wie sie auf dem Markt erhältlich sind, wie es sie in den kapitalistischen Geschäften gibt. ANSPRACHE AUF DER NATIONALEN VERSAMMLUNG DER PRODUKTION

★

WIR KINDER DER STÄDTE LERNTEN, DIE **BAUERN** ZU ACHTEN, IHR GEFÜHL DER UNABHÄNGIGKEIT, IHRE LOYALITÄT ZU RESPEKTIEREN; WIR LERNTEN, IHRE JAHRHUNDERTEALTEN **SEHNSÜCHTE NACH DEM IHNEN GERAUBTEN BODEN** ANZUERKENNEN UND IHRE KENNTNIS DER TAUSEND PFADE IN DEN BERGEN ZU SCHÄTZEN. DIE BAUERN LERNTEN VON UNS DEN WERT EINES MENSCHEN KENNEN,

DER EIN GEWEHR IN HÄNDEN HÄLT UND BEREIT IST, DAMIT AUF EINEN ANDEREN MENSCHEN ZU SCHIEßEN, UNABHÄNGIG DAVON, VON WIE VIELEN BEWAFFNETEN ER BEGLEITET WIRD. **DIE BAUERN LEHRTEN UNS IHRE WEISHEIT, UND WIR LEHRTEN SIE UNSERE AUFFASSUNG VON REBELLION.**

ANSPRACHE AUF DEM KONGRESS DER LATEINAMERIKANISCHEN JUGEND

Sehen wir uns ein anderes Beispiel dessen an, was ein Mann vollbringen kann [...]. Wir untersuchten den **REKORD DES GENOSSEN ARNET**, und da unser Geist noch – ja, noch, und für lange Zeit – ein wenig misstrauisch ist, begannen wir zu rechnen. 1607 Stunden, geteilt durch 8 Arbeitsstunden, gibt 200 Arbeitstage. 6 Monate sind 182 Tage. Das heißt, dass der Genosse weit mehr als einen 8-Stunden-Tag über seine normale Arbeitszeit hinaus gearbeitet hat; dann entschlossen wir uns zu einer **INSPEKTION**. Die Inspektion bewies die absolute Ehrlichkeit des genossen Arnet; aber ich glaube, er wurde ein bisschen ärgerlich, denn er sagte mir, **DASS ER ARBEITE, UM SEINE VERSPRECHEN AN DIE REVOLUTION EINZUHALTEN, UND NICHT, UM VERDIENSTE ZU ERWERBEN**, und dass es ihm gleichgültig sei, ob es soviel oder soviel Stunden wären, und dass er einfach die Stunden der Revolution widmete. EINE NEUE HALTUNG GEGENÜBER DER ARBEIT

★

Wir haben die **SOZIALE FUNKTION DER MEDIZIN** zum Nutzen der ländlichen Bevölkerung und der armen Arbeiter in den Städten **AUSGEDEHNT**. ANSPRACHE AUF DEM PLENUM DES INTERAMERIKANISCHEN RATES

★

UNPOLITISCH SEIN HEIẞT, ALLEN EREIGNISSEN IN DER WELT DEN RÜCKEN KEHREN; entweder **UNINTERESSIERT** daran sein, wer Präsident oder Bevollmächtigter sein wird, oder den Aufbau der Gesellschaft und **DEN KAMPF VERNACHLÄSSIGEN**; da die neue Gesellschaft die sich abzeichnet, nicht von selbst entsteht – ist man in jedem der beiden Fälle unbewusst politisch. TECHNIK UND REVOLUTION

★

ICH HABE EUCH **SEHR GELIEBT**, NUR WUSSTE ICH NICHT, WIE ICH MEINE ZUNEIGUNG AUSDRÜCKEN SOLLTE. ICH BIN EXTREM STEIF IN MEINEN HANDLUNGEN UND DENKE, DASS IHR MICH MANCHMAL NICHT VERSTANDEN HABT. **ES WAR NICHT EINFACH, MICH ZU VERSTEHEN.** ANDERERSEITS, VERTRAUT MIR, EINZIG, HEUTE.

ABSCHIEDSBRIEF AN SEINE ELTERN

Seit langer Zeit versucht der Mensch, sich von der Entfremdung mit Hilfe der Kultur und der Kunst zu befreien. **ER STIRBT TÄGLICH DIE ACHT ODER MEHR STUNDEN, IN DENEN ER ALS WARE DIENT, UM DANN IN DER GEISTIGEN SCHÖPFUNG WIEDER AUFZUERSTEHEN.** Doch dieses Heilmittel trägt die Keime der Krankheit in sich: es ist ein einsames Wesen, das da die Vereinigung mit der Natur sucht. Es verteidigt seine durch die Umwelt unterdrückte Individualität und reagiert auf ästhetische Ideen als Einzelwesen, das die Sehnsucht hegt, unbefleckt zu bleiben. DER SOZIALISMUS UND DER MENSCH IN KUBA

★

DIE TECHNIK IST EINE WAFFE. Wer also glaubt, dass die Welt nicht so ist, wie sie sein sollte, muss kämpfen, damit die Waffe der Technik in den Dienst der menschlichen Gesellschaft gestellt wird; dazu muss man aber erst einmal die Gesellschaft verändern, damit sichergestellt ist, dass die Technik allen Menschen zugute kommt, und **DAMIT WIR DANN DIE GESELLSCHAFT DER ZUKUNFT BAUEN** können, mag sie heißen, wie sie wolle. TECHNIK UND REVOLUTION

★

Wir müssen aufrufen zum **AUSTAUSCH VON INFORMATIONEN, VON KULTUR, VON PRESSEORGANEN, ZUM DIREKTEN REISEVERKEHR** ohne jegliche Diskriminierung zwischen unseren Völkern, [...] denn einen Nordamerikaner, der Kuba besucht, erwarten zur Zeit nach Rückkehr in sein Land fünf Jahre Gefängnis. ANSPRACHE AUF DEM PLENUM DES INTERAMERIKANISCHEN RATES

★

Es ist eben unser Kampf, der es uns erlaubt, heute einen aufbauenden Frieden zu genießen; und unser Streben ist der höchste Frieden, **DER FRIEDEN ALLER VÖLKER, DIE SCHON DAS SYSTEM DER AUSBEUTUNG HINTER SICH GELASSEN UND EINE HÖHERE STUFE DER GESELLSCHAFT ERREICHT HABEN.** EINE NEUE HALTUNG GEGENÜBER DER ARBEIT

★

Es geht nicht darum, wie viel Kilogramm **FLEISCH** man isst oder wie viel Mal im Jahr man am **STRAND** spazieren gehen kann, auch nicht darum, wie viel hübsche Sachen aus dem Ausland man sich von den derzeitigen Löhnen kaufen kann. Es geht eben darum, dass das Individuum sich **ERFÜLLTER FÜHLT**, mit viel größerem **INNEREN REICHTUM** und mit viel größerer **VERANTWORTLICHKEIT**. Der Einzelne in unserem Land weiß, dass die glorreiche Zeit, in der zu leben ihm zufiel, eine **ZEIT DES OPFERS** ist; er ist vertraut mit dem Opfer. Die ersten lernten es in der Sierra Maestra kennen und wo immer gekämpft wurde; später haben wir es in ganz Kuba kennengelernt. Kuba ist die Avantgarde Amerikas und muss Opfer bringen, weil es diesen Vorposten innehat, weil es den Massen Lateinamerikas den **WEG ZUR VOLLEN FREIHEIT** weist. DER SOZIALISMUS UND DER MENSCH IN KUBA

★

In diesem Jahr haben wir die **SCHULPFLICHT AUF NEUN JAHRE AUSGEDEHNT**, und die gesamte Mittelstufe ist nun für alle Schüler kostenlos und obligatorisch. ANSPRACHE AUF DEM PLENUM DES INTERAMERIKANISCHEN RATES

★

DER **REVOLUTIONÄRE EIFER EINES EINZELNEN IST TROTZ ALLEM IDEALISMUS SINNLOS**, UND DER WUNSCH, EIN GANZES LEBEN HOHEN IDEALEN ZU OPFERN, HAT KEINEN ZWECK, WENN MAN ALLEIN ARBEITET, ABSEITS IN IRGEND-

EINEM WINKEL AME-
RIKAS, BEFEHDET
VON FEINDLICHEN
REGIERUNGEN, IM
KAMPF GEGEN SO-
ZIALE BEDINGUNGEN,
DIE **JEDEN FORT-
SCHRITT** VERHIN-
DERN.

SOZIALE THERAPIE

Beispielsweise ist es nicht gut, dass es in Havanna Seife gibt, wenn es keine Seife auf dem Land gibt: Wenn es keine Seife auf dem Land gibt, sollte es keine Seife in Havanna geben. **ODER DIE SEIFE MÜSSTE SO VERTEILT WERDEN, DASS ES SIE ÜBERALL GIBT.** Es ist nicht gut, dass eine Sache an einem Ort fehlt und es sie woanders gibt; die Unterschiede in der Behandlung der Bevölkerung sind nicht gut, wenn wir ein Regime haben, in welchem wir wollen, dass **ALLE DIE GLEICHEN MÖGLICHKEITEN, DIE GLEICHE BEHANDLUNG HABEN UND WIR WOLLEN, DASS EIN BÜRGER SICH GLEICH EINEM ANDEREN FÜHLT** – als ein Genosse mehr für die große Aufgabe des Aufbaus des Sozialismus. ANSPRACHE AUF DER NATIONALEN VERSAMMLUNG DER PRODUKTION

★

Nach Universitätsabschluss, aufgrund besonderer Umstände und vielleicht auch dank meiner Verlagerung, begann ich, **DURCH GANZ AMERIKA ZU REISEN**; ich lernte es gründlich kennen. [...] Ich erlebte, dass ein Kind nicht behandelt werden konnte, weil kein Geld vorhanden war; ich erfuhr, wie durch **DAUERNDEN HUNGER** und **DAUERNDE STRAFEN** die Abstumpfung wächst, bis schließlich ein Vater den Verlust seines Sohnes als bedeutungslosen Unfall hinnimmt. SOZIALE THERAPIE

★

Damals, fast vor zehn Jahren, schrieb ich euch einen anderen **ABSCHIEDSBRIEF**. So wie ich mich erinnere, bedauerte ich, kein besserer Soldat und Arzt zu sein. Zweites interessiert mich schon nicht mehr, **ALS SOLDAT BIN ICH NICHT VÖLLIG SCHLECHT.** ABSCHIEDSBRIEF AN SEINE ELTERN

★

Die Schulstadt »Camilo Cienfuegos« beherbergt heute 5000 aus der Sierra Maestra stammende Schüler; für 20 000 Schüler werden Gebäude errichtet. Es ist geplant, in jeder Provinz eine ähnliche Schule zu bauen; **JEDE SCHULSTADT WIRD SICH SELBST MIT LEBENSMITTELN VERSORGEN,** wodurch die Kinder der Bauern in die landwirtschaftlichen Technologien eingeführt werden. ANSPRACHE AUF DEM PLENUM DES INTERAMERIKANISCHEN RATES

★

Ich weiß nicht genau, aus welchem Teil Spaniens meine Familie stammt. [...] Ich glaube nicht, dass wir sehr eng verwandt sind, aber wenn du fähig bist, jedes Mal vor Entrüstung zu beben, **WENN AUF DER WELT EINE UNGERECHTIGKEIT GESCHIEHT**, dann sind wir **GENOSSEN**, was wichtiger ist. BRIEF AN MARÍA ROSARIO GUEVARA

★

Seid vor allem immer **FÄHIG, JEDE UNGERECHTIGKEIT GEGEN JEDEN MENSCHEN AN JEDEM ORT** der Welt im Innersten zu **FÜHLEN**. Das ist die schönste Eigenschaft eines Revolutionärs. ABSCHIEDSBRIEF AN SEINE KINDER

MEHR ZUM MITNEHMEN

10,5 × 15,5 CM
BROSCHUR
JE 7 €

POLITISCHE GEDICHTE
VON BERTOLT BRECHT

112 Seiten
ISBN 978-3-355-01854-8

WEGWEISENDE ZITATE
VON PAPST FRANZISKUS

96 Seiten
ISBN 978-3-355-01853-1

E-Book 4,99 €
ISBN 978-3-355-50034-0

KRITISCHE ZITATE
VON SIGMUND FREUD

96 Seiten
ISBN 978-3-355-01858-6

E-Book 4,99 €
ISBN 978-3-355-50040-1

EIN TÜCHTIG WORT
VON JOHANN WOLFGANG
VON GOETHE

96 Seiten
ISBN 978-3-355-01862-3

E-Book 4,99 €
ISBN 978-3-355-50041-8

NÜTZLICHE ZITATE
VON W. I. LENIN

112 Seiten
ISBN 978-3-355-01842-5

E-Book 4,99 €
ISBN 978-3-355-50029-6

EIN TREFFLICH WORT
VON MARTIN LUTHER

96 Seiten
ISBN 978-3-355-01841-8

E-Book 4,99 €
ISBN 978-3-355-50028-9

REVOLUTIONÄRE ZITATE
VON ROSA LUXEMBURG

96 Seiten
ISBN 978-3-355-01839-5

E-Book 4,99 €
ISBN 978-3-355-50026-5

UNSCHLAGBARE ZITATE
VON KARL MARX

96 Seiten
ISBN 978-3-355-01838-8

E-Book 4,99 €
ISBN 978-3-355-50025-8

WORTE GEGEN DAS INFAME
VON KURT TUCHOLSKY

96 Seiten
ISBN 978-3-355-01857-9

E-Book 4,99 €
ISBN 978-3-355-50039-5

QUELLEN:

AUSGEWÄHLTE WERKE IN EINZELAUSGABEN. ÜBERSETZER HORST-ECKART GROSS. PAHL-RUGENSTEIN VERLAG NACHFOLGER, BONN 1986 FF.
BRANDSTIFTUNG ODER NEUER FRIEDE? REDEN UND AUFSÄTZE. ÜBERSETZER SVEN G. PAPCKE. ROWOHLT TASCHENBUCH VERLAG, REINBEK BEI HAMBURG 1969.
EPISODEN AUS DEM REVOLUTIONSKRIEG. ÜBERSETZER KRISTINA HERING. VERLAG PHILIPP RECLAM JUN. LEIPZIG 1978.
ÖKONOMIE UND NEUES BEWUSSTSEIN. SCHRIFTEN ZUR POLITISCHEN ÖKONOMIE. ÜBERSETZER ALEX SCHUBERT. VERLAG KLAUS WAGENBACH, BERLIN 1969.
OBRAS ESCOGIDAS. 1957–1967. ÜBERSETZER SIMONA UHLEMANN. EDITORIAL DE CIENCIAS SOCIALES, HAVANNA 2007.

ISBN 978-3-355-01861-6

UMSCHLAG UND KONZEPT: BUCHGUT, BERLIN
DRUCK UND BINDUNG: BUCHDRUCKEREI.DE, BERLIN

DIE BÜCHER DES VERLAGS NEUES LEBEN ERSCHEINEN IN DER EULENSPIEGEL VERLAGSGRUPPE.

WWW.EULENSPIEGEL.COM